教育部书法教材推荐碑帖范本

全本对照——经典碑帖临写辅导

颜真卿颜勤礼碑

程峰 编著

上海书画出版社

图书在版编目(CIP)数据

颜真卿颜勤礼碑/程峰编著.--上海:上海书画出版社,2016.8

(全本对照:经典碑帖临写辅导)

ISBN 978-7-5479-1254-6

Ⅰ.①颜… Ⅱ.①程… Ⅲ.①毛笔字-楷书-中小学-法帖 Ⅳ.①G634.955.3

中国版本图书馆CIP数据核字(2016)第150535号

颜真卿颜勤礼碑

全本对照——经典碑帖临写辅导

程峰 编著

责任编辑 张恒烟 李剑锋
责任校对 周倩芸
封面设计 王 峥
技术编辑 包赛明

出版发行 上海世纪出版集团
上海书画出版社
地址 上海市延安西路593号 200050
网址 www.ewen.co
www.shshuhua.com
E-mail shcpph@163.com
制版 上海文高文化发展有限公司
印刷 上海画中画包装印刷有限公司
经销 各地新华书店
开本 889×1194 1/16
印张 7
版次 2016年8月第1版 2016年8月第1次印刷

书号 ISBN 978-7-5479-1254-6
定价 40.00元

目录 Contents

总纲

第一讲

基本笔画及变化——横竖撇捺 01

第二讲

基本笔画及变化——折钩提点 04

第三讲

部首——左旁与右旁 07

第四讲

字头与字底 13

第五讲

结构——结构类型 17

第六讲

结体原则 21

第七讲

集字创作 27

总纲

书法是中国的国粹，是世界艺术的瑰宝之一，历来深受人们的喜爱。在中国古代，用毛笔书写以实用为主，经过一代代书法家们对美的追求和探索，薪火传承，不断创造，书写升华为一门博大精深的书法艺术。

书法的技法内容很多，其中最核心的内容当数“笔法”。初学“笔法”，主要要求掌握“执笔法”和“用笔法”。

一、执笔法

在实践中被人们广泛接受的执笔方法，是由沈尹默先生诠释的“执笔五字法”。即用“擫”、“押”、“勾”、“格”、“抵”五个字来说明五个手指在执笔中的作用。（见图）

擫：是指大拇指由内向外顶住笔杆，就像吹箫时按住后面的箫孔一样。

押：是指食指由外向内贴住笔杆，和拇指相配合，基本固定住笔杆。

勾：是指中指由外向内勾住笔杆，加强食指的力量。

格：是指无名指爪肉处从右下向左上顶住笔杆。

抵：是指小指紧贴无名指，以增加无名指的力量。

如上所述，五个手指各司其职，将圆柱体的笔杆牢牢地控制在手中，各个手指的力从四面八方汇向圆心，执笔自然坚实稳定，便于挥运。

执笔的要领是指实掌虚，腕平掌竖。这里特别要提醒的是，随着书写姿式（如坐姿和立姿）的变化，手腕的角度和大拇指的角度应该作相应的调整。

二、用笔法

用笔，又叫运笔，是“笔法”中最为重要的核心内容，它直接影响到书写的质量。

（一）中锋、侧锋、偏锋

一般来说，在书写中笔尖的位置有三种状态，即“中锋”、“侧锋”、“偏锋”。

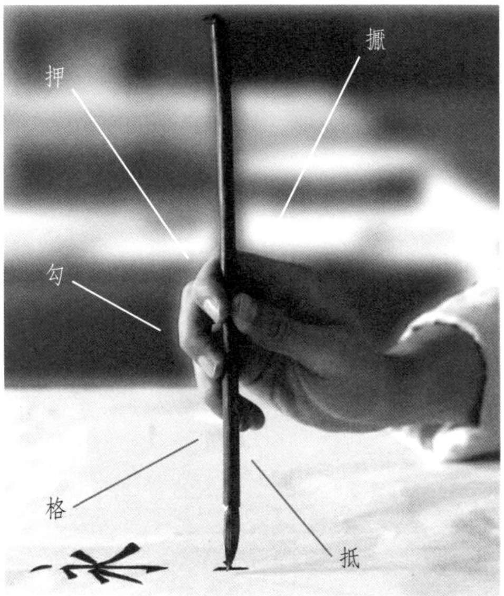

执笔示意

“中锋”：主锋的方向和运动的方向相反，呈 180 度，令笔心在笔画的中线上行走，而笔身要保持挺立之状。

“侧锋”：起笔时逆势切入，运笔时笔毫斜铺，笔尖方向和运动方向处于 90 度到 180 度之间，呈夹角，而收笔结束时回复到中锋状态。

“偏锋”：笔尖的方向和运动的方向成直角（90 度）。

用中锋和侧锋写出的线条具有立体感和感染力。用偏锋写出的线条扁平浮薄、墨不入纸，是病态的，应该绝对摒弃。古人总结出用笔的规律，提倡“中侧并用”，就是这个道理。

（二）起笔、运笔和收笔

每一个点画都包含起、运、收三部分。所以掌握正确的起笔、运笔、收笔方法十分重要。

1. 起笔

起笔又叫发笔、下笔，它的基本形状无非方、圆、藏、露四种。起笔的基本方法有三种，即“尖头起笔”、“方头起笔”、“圆头起笔”。

尖头起笔（露锋）

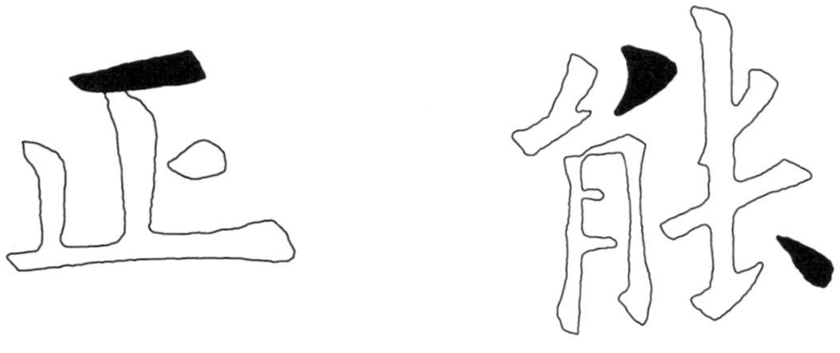

方头起笔（露锋、藏锋皆可）

圆头起笔（藏锋）

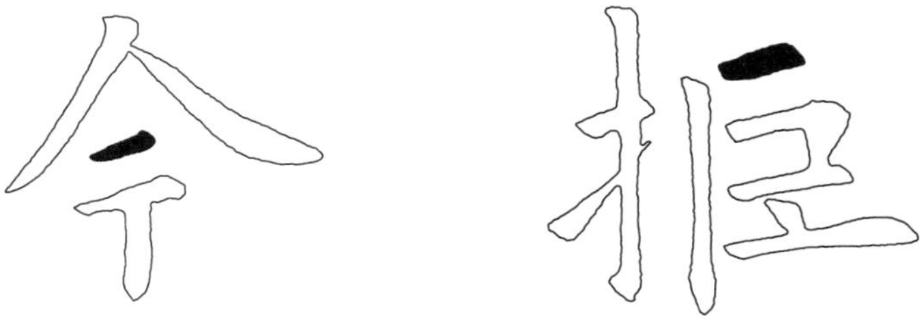

2. 运笔

运笔部分即笔画的中截，又称“中间走笔”。

运笔的第一个要求是始终保持中锋或侧锋。要做到这点就离不开调锋。调锋的目的，就是使笔尖调整到中锋或侧锋的位置。

调锋的手段有三种：

一是提按动作，通过上下垂直的运动使笔尖达到理想的位置。

二是衄挫动作，通过平面的挫动，使笔尖达到理想的位置。

三是兜圈动作，通过顺时针或逆时针方向的转动，使笔尖达到理想的位置。

运笔的第二个要求是涩行。笔锋和纸面相抵产生一种相争、对抗，即在运笔的过程中要有摩擦力，古人生动地比喻为“逆水行舟”和“中流荡桨”，这样写出的笔画才浑厚凝重。切忌平拖滑行。

3. 收笔

笔画结束，一定要回锋收笔，如遇出锋的笔画，如钩、撇、捺等，也要有收的意识，即“空收”。古人说“无垂不缩，无往不收”，言简意赅地阐明了收笔的重要性。收笔回锋有两个作用：一是使笔尖由弯曲还原成直立，使点画起讫分明；二是不论藏锋还是露锋，收笔必须过渡到下一笔画的起笔。

第一讲

基本笔画及变化——横竖撇捺

横、竖、撇、捺、点、钩、折、挑八个基本点画是构成汉字的重要元素。

一、横

“永字八法”中称“横”为“勒”，如勒马用缰。晋卫夫人《笔阵图》曰：“横如千里阵云。”起笔要注意是方笔或圆笔，运笔做到中锋逆势、圆润劲挺，收笔做到饱满而不做作。

颜体《颜勤礼碑》的横画最常见的变化有：长横、短横、左尖横、右尖横等。

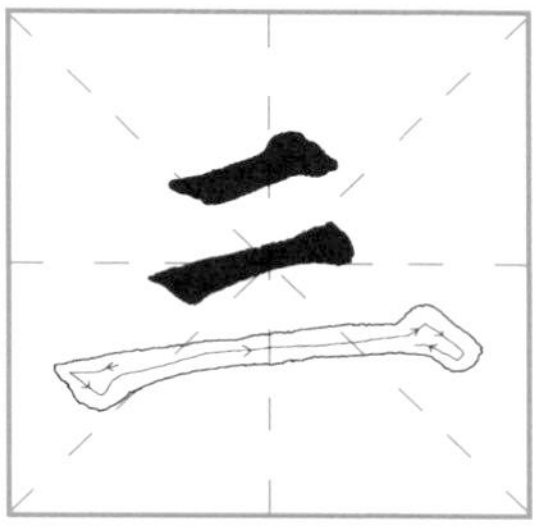

基本写法

起笔：逆锋起笔，右下作顿；

运笔：调整中锋，往右横出；

收笔：提笔上昂，下顿回收。

小提示

❶ 楷书横画不是水平的，略有左低右高之势；

❷ 横画要注意“长短”、“粗细”、“弯度”、“斜度”等方面变化，临写时要注意观察；

❸ 左尖横的起笔、右尖横的收笔，要避免虚尖。

二、竖

“永字八法”中称“竖”为“努”。卫夫人《笔阵图》曰：“竖如万岁枯藤。”作竖法妙在直中求曲，曲中求直，如力士之挺举千斤之物，凸胸含腰，有曲线之美。

《颜勤礼碑》的竖画最常见的有：垂露竖、悬针竖、短中竖、左弧竖等。

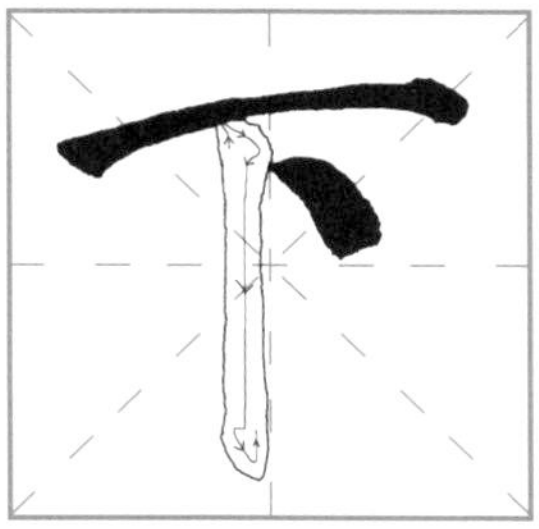

基本写法

基本写法：

起笔：逆锋起笔，右下作顿；

运笔：调整中锋，往下作竖；

收笔：提笔上回，下顿收笔；（垂露）

收笔：渐提渐收，力送笔尖。（悬针）

小提示

❶ 竖画多“直中见曲”，以显示弹性与力度；

❷ 两个竖画组合以相向为主，三个竖画以上者，中间多为垂露竖，左右则以相向为主；

❸ 垂露竖收笔圆劲饱满，但要自然；悬针竖收笔尖而有力，空中收笔，避免虚尖。

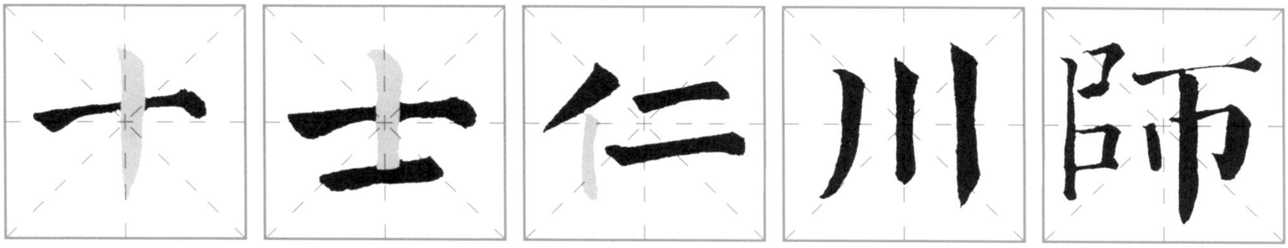

三、撇

“永字八法”中称“短撇”为“啄”，长撇为“掠”。卫夫人《笔阵图》曰：“撇如陆断犀象。”写撇时应爽快干脆，出锋切忌虚尖。长撇要婉转舒畅，遒劲有力；短撇力聚锋尖，尖锐饱满。

《颜勤礼碑》的撇常见的有：短撇、平撇；长撇、竖撇、回锋撇。

基本写法

起笔：逆锋起笔，右下作顿；

运笔：调整中锋，左下力行；

收笔：渐提渐收，力送笔尖。

小提示

1. 撇在字中有时充当主笔作支撑作用；
2. 撇在于长短、粗细、方向、起收笔等方面变化；
3. 单字中若遇多个撇画，须有参差变化，避免雷同。

四、捺

“永字八法”中称“捺”为“磔”。卫夫人《笔阵图》曰：“捺如崩浪雷奔。”写捺画时，逆锋起笔，调锋后再朝右下行笔，并由细渐粗，笔毫逐步铺开，至捺角处驻锋顿笔，捺出时挫动笔锋，边走边调，边调边提，调整中锋后迅速出锋，并作空中回收。

《颜勤礼碑》的捺常见的有：斜捺、侧捺、平捺。

基本写法

起笔：逆锋起笔，左下作顿；

运笔：转笔缓行，由细渐粗；

收笔：下顿右捺，渐提渐收。

小提示

1. 捺往往是一字中的主笔，要写得较粗壮、饱满、有力，一波而三折；
2. 斜捺往往与左撇配合呼应，平捺称之为“横波”，如水波之起伏；
3. 凡一字有两捺者，通常其中一个捺作长点处理。

五、拓展：平等　天真　正直　雅言

临习要点

左边的四组两字词，供临摹与创作。

临习时，要注意灵活应用所学到的知识。如这些字中有许多横，哪些是短横、长横、左尖横？“正直”、“雅言”、“平等”、“天真”四组词中都有长横，有哪些变化？“等”一个字有两个长横，怎样处理？又如竖的位置在字的左、中、右，是否有变化规律可循？“天真”两字是怎样做到撇点协调、左右对称呼应的？

创作提示

尝试创作时，要将两个字的关系处理好。如“正直”两字不能写得太呆板；“平等”、“雅言”两字繁简对比大，要注意整体效果。看上去才能协调。以下幅式仅供参考。

幅式参考

扇面

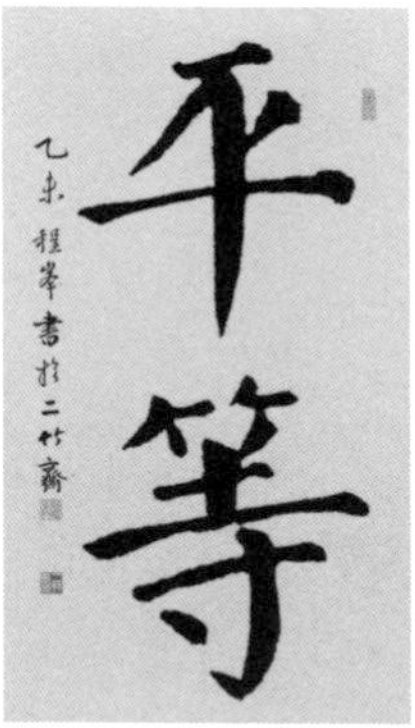

小中堂

第二讲

基本笔画及变化——折钩提点

一、折

“永字八法”中无折法，但楷书结构中有并极其重要。卫夫人《笔法论》曰：“折如劲弩筋节。”初学颜体楷书折法，可先以横折为例，其用笔要纵横相联，横细竖粗，吻合紧密，转角自然。

《颜勤礼碑》的横折常见的有：高横折、扁横折。其他折有：竖折、撇折等。

基本写法

起笔：逆锋起笔，往下作顿；
运笔：调整中锋，往右横出；
转折：提笔上昂，右下作顿；
运笔：调整中锋，往下作竖；
收笔：提笔上昂，下顿收笔。

小提示

❶ 颜体横折，是横和竖的统合，横细折粗；
❷ 高横折的折画须直，扁横折的折画往里斜，相应的左竖与之呼应。

二、钩

“永字八法”中称“钩”为“趯”。卫夫人《笔法论》曰：“钩如百钧弩发。”作钩时应充分利用笔毫斜铺，蹲锋得势而出，要力聚锋尖，贵在尖锐饱满，切忌虚尖浮露，力量速度要恰到好处。

《颜勤礼碑》的钩常见的有：竖钩、弯钩、横钩、竖弯钩、卧钩等。

基本写法

起笔：逆锋起笔，右下作顿；
运笔：调整中锋，往下作竖；
转折：提笔作围，转锋作钩；
收笔：速提速收，力送笔尖。

小提示

❶ 钩末出锋要尖锐，不能虚尖；
❷ 钩的角度、长短、弧度、出钩方向等，都要根据字的不同结构要求和笔势而定。

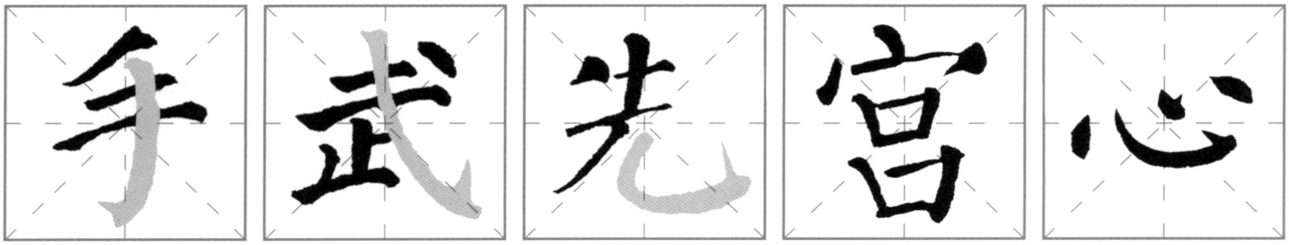

三、提

“永字八法”中称“提”为“策”，李世民《笔法诀》曰：“策须仰策而收。”策，马鞭，用力在策本，得力在策末。下笔宜直，调锋后右仰上提，借势发力，出锋时于空中作收势，力聚锋尖，尖锐劲利。

《颜勤礼碑》的提常见的有：平提、斜提、长提、点带提等。

基本写法

起笔：逆锋起笔，右下作顿；
运笔：调整中锋，右上行笔；
收笔：渐提渐收，力送笔尖。

小提示

❶ 提的写法同右尖横，收笔有的较为含蓄，有的尖锐劲利，避免虚尖；

❷ 提常与下一笔意连，有呼应之势。

四、点

“永字八法”中称“点”为“侧”，下笔时当顺势落笔，露锋处要尖锐饱满、干净利落，收笔时要收锋在内。卫夫人《笔法论》曰：“点如高锋坠石。”

《颜勤礼碑》的点常见的有：方点、圆点、竖点、左点、反点、提点等。

基本写法

起笔：侧锋峻落；
运笔：顿笔小旋；
收笔：势足收锋。

小提示

❶ 点虽小，但变化最多，一切变化都须服从于字的结构和笔势的需要；

❷ 点单独用较少，组合应用非常丰富，如左右点、相向点、相背点、横三点、横四点、合三点、聚四点等等。

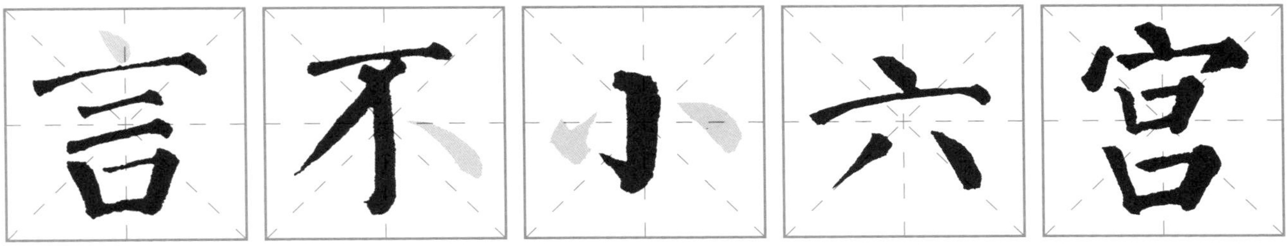

五、拓展：富强　敬业　清泉　率真

临习要点

颜体的“折”笔以圆为主，圆中有方，如“富强”。“点”是楷书笔画中最小的，同时也是变化最丰富的，如：“富”的首点为方点，“强”的末点为圆点，“率”的上点为竖点；点还讲求相互配合、顾盼呼应，如“敬”、“业”、“清”、“率”等字。

创作提示

书法作品的书写要做到“三好”，即“笔画好”、“结构好”、“章法好”。笔画好是基础，所以要狠下苦功，苦练用笔，才能在书写时做到笔笔到位，写出颜字“雄劲浑厚”的特点。

幅式参考

中堂

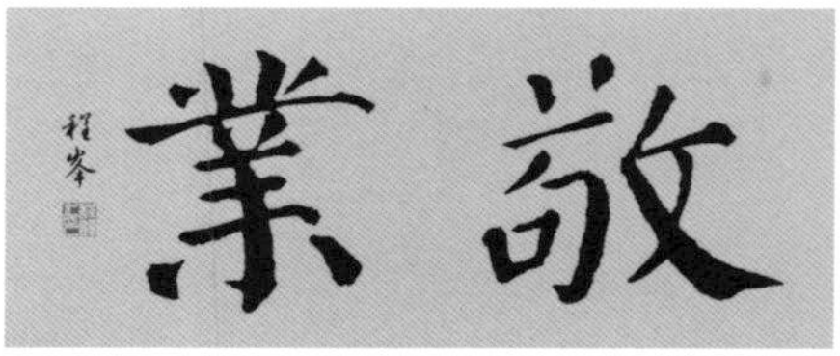

横幅

第三讲

部首——左旁与右旁

部首形态各异，是构成汉字合体字的重要部件。练好部首是掌握间架结构的基础。

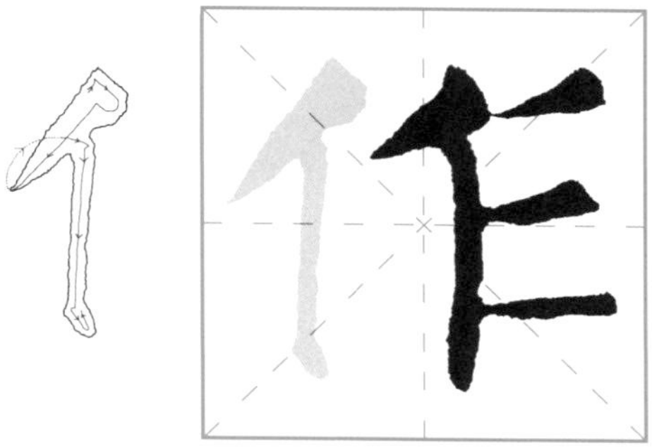

一、单人旁与双人旁

单人旁与双人旁都是由短撇和竖画组成的，作为左旁所占的位置较为窄小，安排上以“左紧右松”为主，起到避让右边部件的作用，同时下竖的“长短”、“曲直”要根据具体情况有所变化。

单人旁：撇竖组合姿态多，长短根据字需要。

双人旁：两撇起笔一直线，长短斜度有变化。

二、竖心旁与提手旁

竖心旁的笔顺为“左点、右点、竖”，左右点之间要有变化、讲求呼应，竖要稍长，直中见曲势；

提手旁竖钩的竖笔稍长，略带弧势，大多以右弧为主，竖笔不能竖在“横画”、“挑画”的中间，应偏右，使得提手旁有让右之势。

竖心旁：竖点侧点加长竖，两点靠竖须呼应；

提手旁：竖笔雄浑弧且直，提钩有力不虚浮。

三、三点水与日字旁

三点水要写出三点不同的姿态，有承接呼应之势，呈散射弧形排列，提点注意角度，要与右部首笔的起笔笔意相连；

日字旁不宜写得太宽，左竖、右折写得较直，横细竖粗，底横多写成提，并与右部首笔的起笔笔意相连。

三点水：三点笔姿各不同，提点应与后笔连。

日字旁：形状宜瘦不宜胖，右脚伸长底横提。

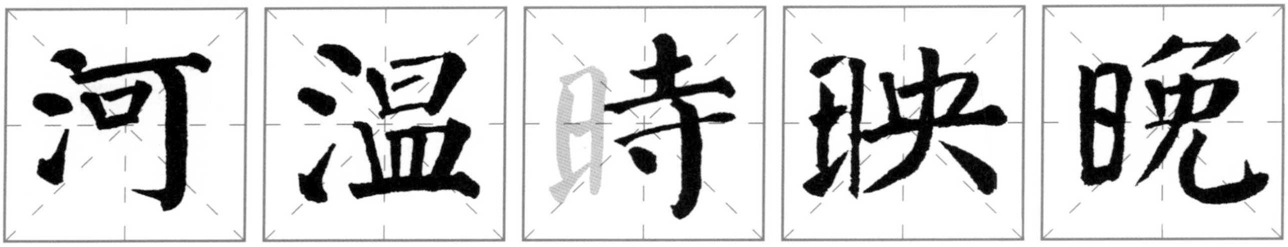

四、木字旁与禾木旁

木字旁与禾木旁写法相近，只是禾木旁的上面多了一个平撇。两者都不能将“横竖撇点”四笔交于一点，横画都不宜写得太短，要左伸右缩，体现让右关系。

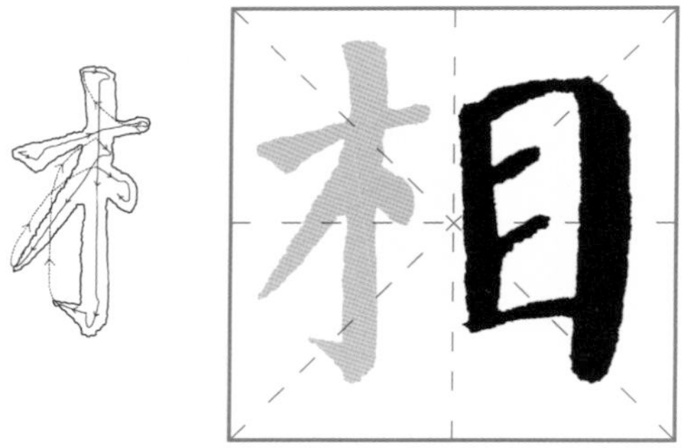

木字旁：首笔横画向左伸，斜点忌写交叉处。

禾木旁：短撇应该写得平，让右关系把握好。

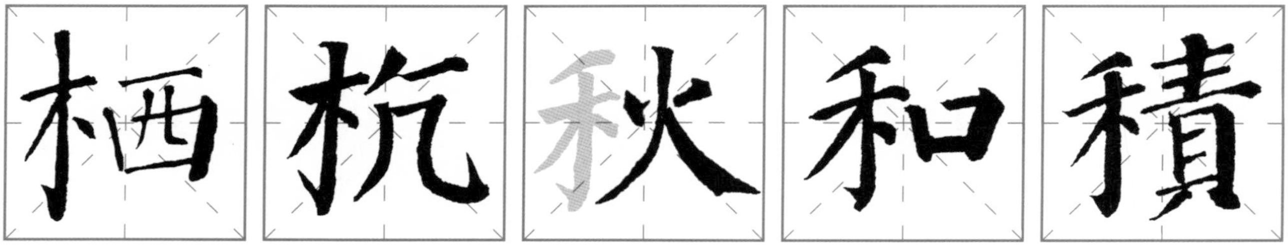

五、言字旁与贝字旁

言字旁的首点多写成“侧点”，侧点偏右，首横稍长，左伸右缩，横向笔画分布均匀；

贝字旁的形状较瘦长，左竖、右折直中略见曲势，底横较斜，撇、点相互配合好，整体须呈让右之势。

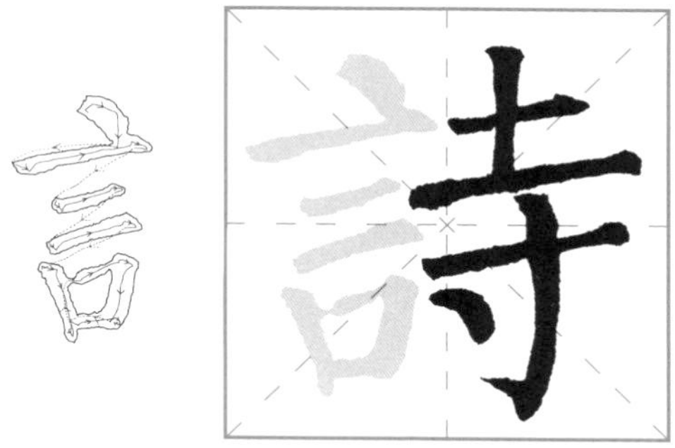

言字旁：右侧齐平重心稳，粗细变化间隔匀。

贝字旁：左竖短于右折竖，啄点略长斜点短。

六、示字旁与衣字旁

示字旁的首点多写成“横点”，横点偏右，横撇角度不宜大，且撇宜直，竖画长短根据字的结构需要；衣字旁的起笔横画可以是侧点，也可横点，撇画稍长，竖写得直且与首点相对齐。

示字旁：折撇不要弧太大，末点须藏腰眼里。

衣字旁：横画伸左撇要长，竖与首点相对齐。

七、绞丝旁与女字旁

绞丝旁的两组撇折要注意变化，三点稍散开，朝右上方匀称排列，并控制好重心；

女字旁的横画变“提”，撇点、长撇的交叉处与起笔位于同一直线上。

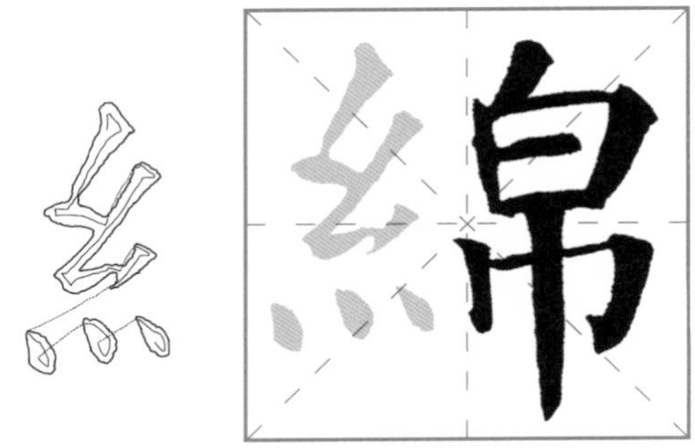

绞丝旁：二折各自有特点，空挡均匀形摆稳。

女字旁：女部撇点要呼应，让右关系把握好。

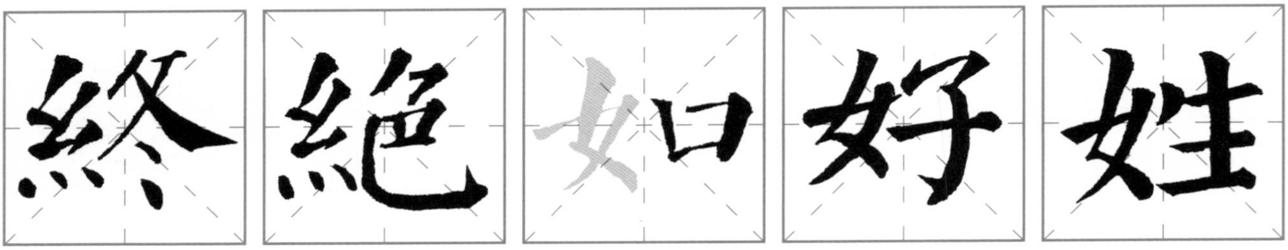

八、金字旁与左耳旁

金字旁的撇画较舒展、捺画变点，注意让右关系，末笔横画起笔向左伸，有时可写成提画；左耳旁的“左耳”不宜写太大，位置偏上，以让出位置给右边笔画穿插。

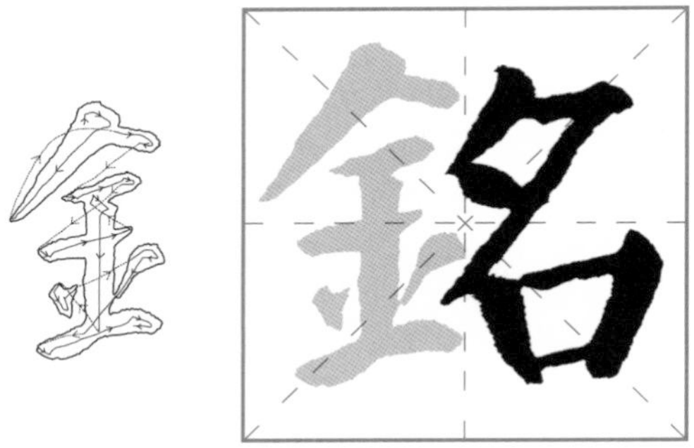

金字旁：撇首竖画对中心，底横有时变提画。

左耳旁：左耳不宜写太大，让出右边笔画行。

九、立刀旁与右耳旁

立刀旁：短竖位置在竖钩位置中间偏高，两竖注意保持好距离；

右耳旁：右耳旁的写法同左耳旁，但“耳朵”略大，以求与左旁平衡协调，“耳朵”“横撇弯钩”宜一气呵成。

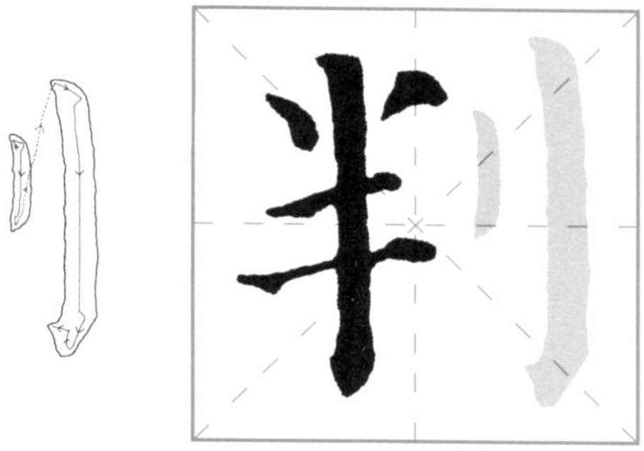

立刀旁：小竖位置略偏高，结构紧凑不松散。

右耳旁：右耳写得应略大，以求平衡与协调。

十、反文旁与页字旁

反文旁的短撇较直，长撇写成竖撇，较弯，长撇与捺画呼应协调，且轻撇重捺；

页字旁上面的横画略短，且有让左之势，末笔横画起笔偏左伸，底部的短撇和侧点呈支撑状使整体平衡。

反文旁：短撇短横配合好，反文中紧撇捺开。

页字旁：计白当黑间隔匀，短撇侧点配合好。

十一、拓展：积善成德　业精于勤

临习要点

左右结构的字，要讲求相互之间的穿插与避让。如“积”、“德”、“精”、“勤”四个字，使整个字的结构更为严谨，字的整体更为匀称、协调。

创作提示

四字作品也可写成团扇（如作品“积善成德”）或斗方（如作品“业精于勤”）。四字团扇与斗方的初学不宜写得太大，一般为一尺的小品即可。团扇的书写还宜讲求“因形制宜”，须表现出呼应协调的艺术效果。

幅式参考

团扇

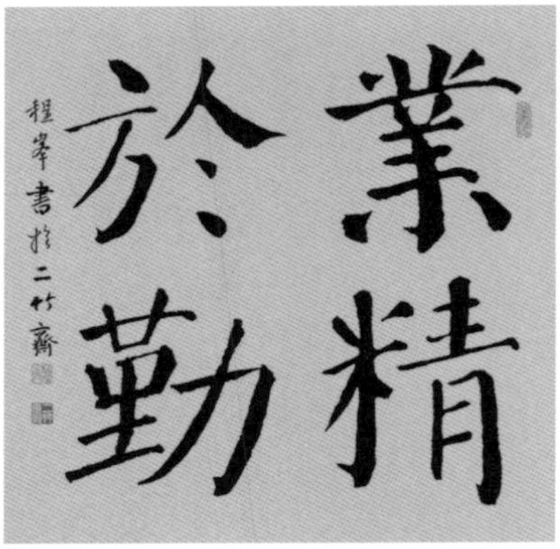

斗方

第四讲
字头与字底

一、人字头与春字头

字头往往要求中心对齐，重心平稳，与下面部件有覆盖或承接等关系，使上下融为一体。有些部首如“人字头”、“春字头”等，呈两面包围之势，要有包容、稳定之感。

人字头：撇低捺高成三角，斜度相等较舒展。
春字头：三横变化且匀称，撇捺舒展覆下部。

二、草字头与宝盖

草字头的两个“十”的形态有变化，且相互对称呼应，左竖与右撇分别往里斜，与下面部件形成穿插呼应之势；

宝盖的首点要写得圆润饱满，往往位于整个宝盖的中间，左竖点、横钩舒展呈覆盖之势。

草字头：两个十字不一样，有虚有实有呼应。
宝盖：首点居中左竖点，横钩拉长覆盖势。

三、竹字头与小字头

竹字头的两个“个”同样形态有变化，左右有相互对称、呼应之感；

小字头的中竖或直，或斜；左点与啄点分列中竖的左右侧，且靠近中竖，相互呼应。

竹字头：两个个部形各异，下边两点有变化。

小字头：左点撇点相对称，低于竖点列两侧。

四、四字头、虎字头与尸字头

四字头的左竖和右折都向内有斜势，不宜写太长，竖画分布均衡；

虎字头的字头形式有差异，注意点画之间的疏密安排；

尸字头的“口”形较扁，竖撇长而舒展，略带弧势，整体上紧下松，给下面部件留出适当的空间。

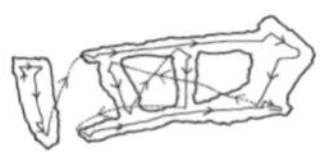

四字头：左竖右折往里斜，写得对称又匀称。

尸字头：口小撇长上部紧，构成字形成梯形。

虎字头：字头形式有差异，关键疏密把握好。

五、心字底与四点底

心字底的点画与卧钩之间穿插有度，分布匀称，钩画弧度须要把握好；

四点底的四个点形态各异，相互呼应，若沿外框圈起来，整体形状就像一横。

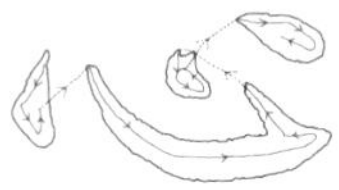

心字底：点钩之间求匀称，钩的大小须把握。

四点底：形断意连互呼应，整体关系把握好。

六、走之儿与皿字底

走之儿的横折折撇微有斜势，以让右边部件，平捺饱满有力，有承载之势，整个走之儿的点画书写宜一气呵成；

皿字底的左竖与右折宜往内斜、对称，竖画分布均匀，底横写得较长且要有承载力。

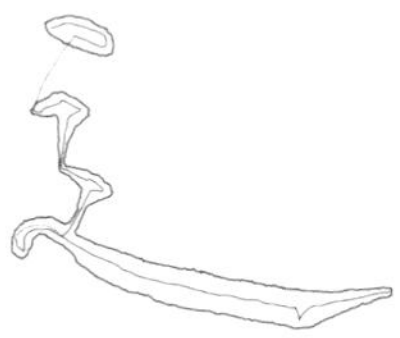

走之儿：横折折撇取斜势，平捺一波又三折。

皿字底：左竖右折须对称，空挡均匀覆横长。

七、拓展：春华秋实　崇贤敬德

临习要点

颜书具有笔力遒健、点画丰厚的特点，如“春”与“敬”字的捺画、“华”字的悬针竖、“崇”字的竖钩等，都显示很强的力度；

颜书在显示笔画力度的同时，结构也不失灵动。如，“春”字，春字头与撇捺呼应巧妙，“日”部含有动势；“实”与“贤”字上（中）下宽窄参差变化，字的整体重心稳定。

创作提示

创作时，字的大小亦可“随字赋形”，如下图作品“春华秋实”，“春”字高度适中，“秋”字略扁宽，“华”、“实”两字略长，组合起来力求作品整体协调得体，气脉贯畅。

幅式参考

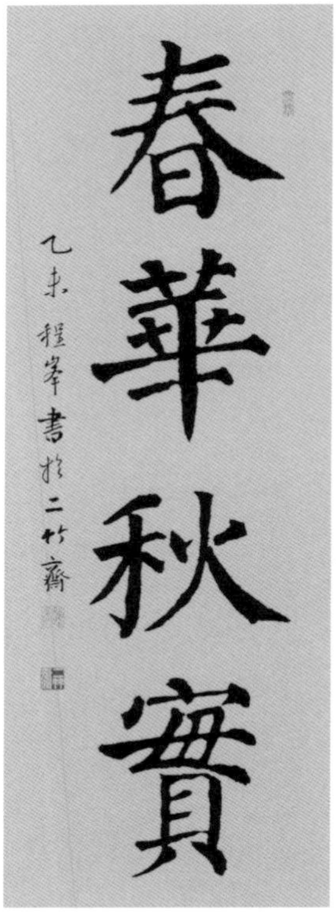

条幅

第五讲
结构——结构类型

结构类型主要是指独体字和合体字，合体字有上下结构、左右结构、包围结构等。

一、左右结构

是由左右两个部件组成，它们之间的大小、长短、宽窄、高低等关系有机地组合在一起，使整体方整停匀、主次分明、疏密得当。

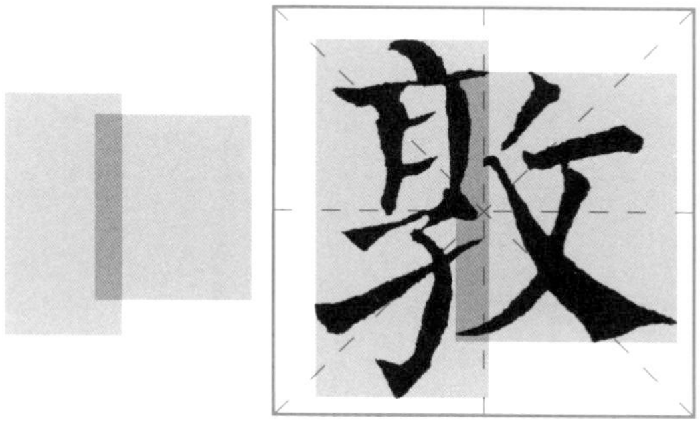

“敦”：左窄右宽，左长右短；
“韶”：左右宽窄相当，左长右短；
“刺”：左宽右窄，左右长短、高低相当；
“颇”：左窄右宽，左高右低；
“师”：左窄右宽，左高右低；
“郑”：左宽右窄，左高右低。

二、上下结构

是由上下两个部件组成，它们之间的大小、长短、宽窄等关系有机地组合在一起，使上下参差有度、疏密得当、浑然一体。

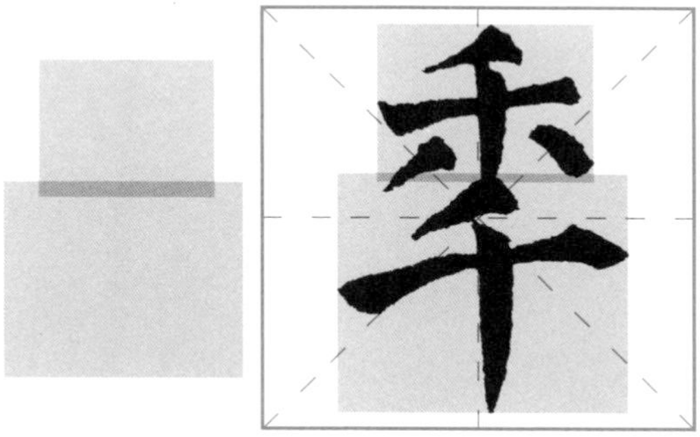

“年”：上窄下宽，重心稳定；
“恭”：上宽下窄，上部覆盖下部；
“曾”：上宽下窄，整体笔画之间排布均匀；
“宜”：上下宽窄相当，上扁下长；
“童”：上部扁宽，下部瘦长；
“泉”：上窄下宽，重心稳定，撇捺舒展。

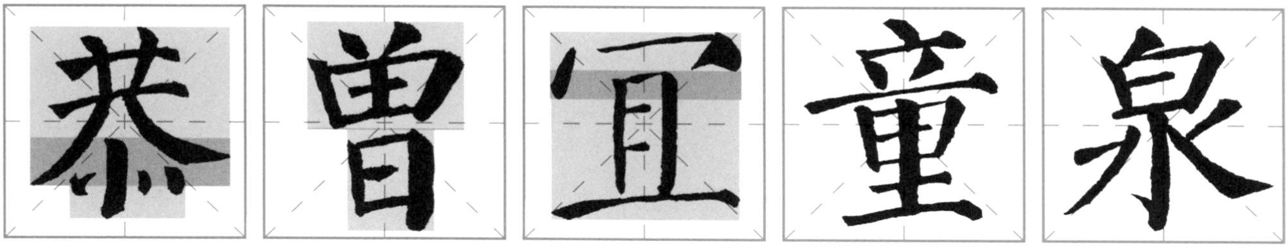

三、包围结构

包围结构的字，可分为半包围、三面包围、全包围结构等，半包围者所包部分要求重心平稳，三面包围、全包围结构的字不宜写得太大，要考虑高低、宽窄、斜正关系，使内外相称，避免方正呆板。

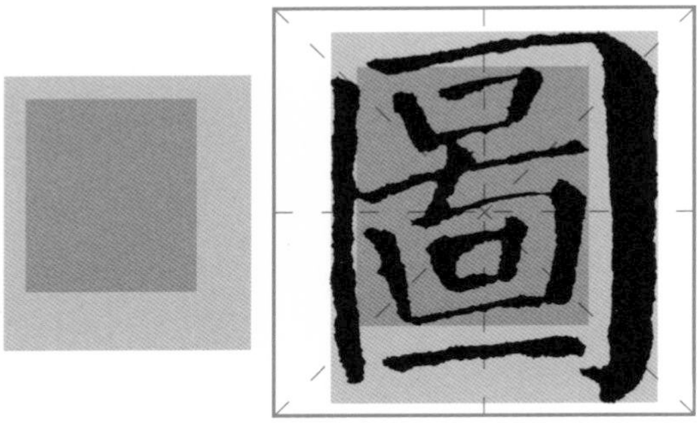

“图”：四面包围，大口框注意粗细虚实；
“追”：两面包围，左下包右上；
“阁”：三面包围，上包下；
“唐”：两面包围，左上包右下；
“旭”：两面包围，左下包右上；
“威”：三面包围，上包下。

四、左中右结构与上中下结构

是由上中下或者左中右三个部件组成，它们之间的高低、宽窄、长短等关系有机地组合在一起，使字的整体和谐。

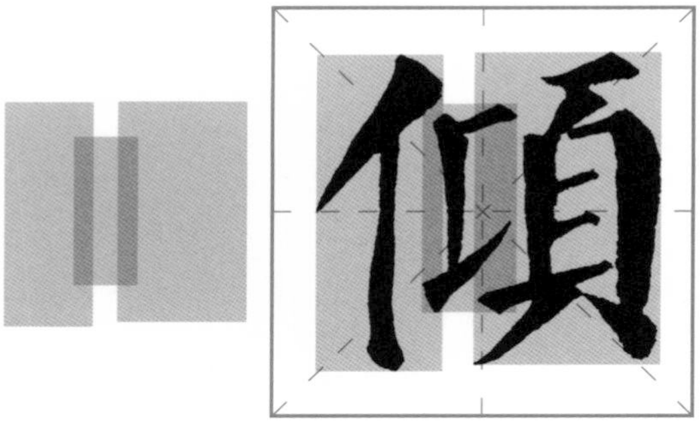

“倾”：左中窄、右宽，左右长、中短；
“卫”：左右窄、中宽，左中高、右低；
“徽”：左窄、中右宽，左中右高低、长短相当；
“鲁”：中宽、上下窄，中扁、上下长；
“察”：中宽、上下窄，上扁、中下长；
“尝”：上下宽、中窄。

五、独体字

重心稳定、横平竖直、撇细捺粗、主笔突出等都是独体字的构形原则，同时《颜勤礼碑》所要求的横细竖粗、轻撇重捺等特点，在独体字中尤为明显。

“事”：横向笔画间隔匀称，竖钩主笔突出；
“中”：中间悬针竖主笔突出；
“夫”：撇捺舒展，两横不宜写得太长；
“日”：左细右粗，整个字不宜将格子撑满；
“方”：斜中取正，重心平稳；
“之”：捺为主笔，写得粗而舒展、一波三折。

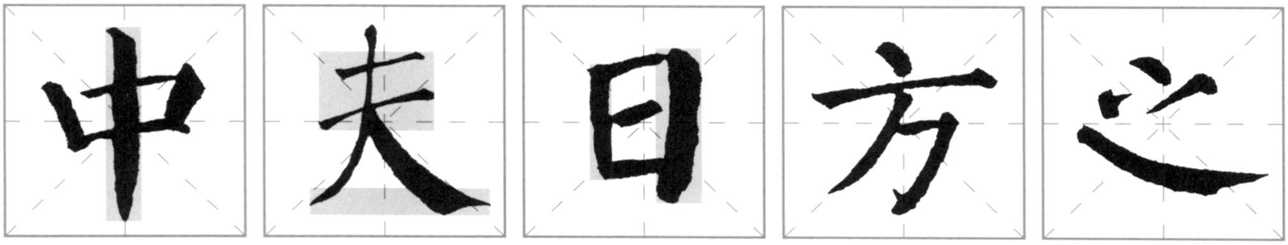

六、综合结构

错综结构的字，是由三个以上相对独立的部件组成。这类字笔画较多，结构复杂，书写时讲究点画部首之间协调配合，字形紧凑、灵动、稳重。同时注意书写顺序，一般先上后下、先左后右、先中间后两旁等等。

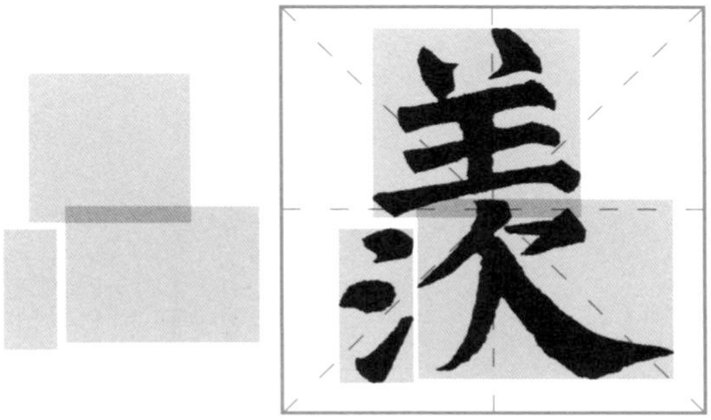

“美”：整体上下结构，下部左右结构、横向舒展；
“佶”：左右相互穿插，右部间隔匀称；
“簿”：上下、下部的左右之间都要注意穿插避让；
“游”：整体半包围结构，里面左右结构；
“庭”：整体半包围结构，里面也是半包围结构；
“阙”：整体三面包围，里面左右结构。

七、拓展：清秀其中　澄怀观道

临习要点

“清”、“澄”、“怀”三字左右结构，左窄右宽，左右穿插；“观”字左右结构，左宽右窄，左右相互穿插避让。“其中”两字皆为对称字形，做到左右呼应、协调；“秀”字上下结构，上宽下窄，重心稳定；“道”字半包围结构，“首”部略瘦长，底部平捺较粗、舒展、一波三折。

创作提示

作品“清秀其中”，字的繁复与简约的对比度较大，创作时注意控制字与字之间大小、粗细的关系，即繁复者笔画稍细，字型略大，简约者笔画较粗字形较小。总之要遵循最重要的一个原则——“和谐”。

幅式参考

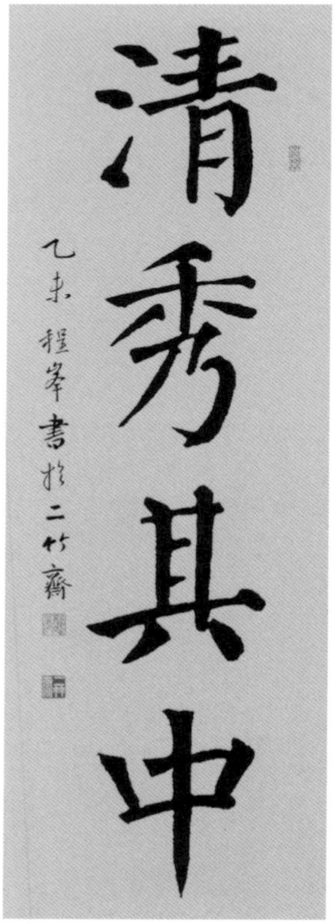

条幅

第六讲
结体原则

结体原则是指汉字作为书法造型艺术的一些基本构形原则，尤其是《颜勤礼碑》的一些结体规律如重心稳定、分布均匀、相向为主等。

一、重心稳定

重心是指字的支撑力点，是平稳的关键。字形中正者，重心明显，或竖画居中，或左右对称；字形偏倚不对称者，要求偏中求正，多以斜笔、弯笔、折笔等作支撑，以达到字的整体平稳。

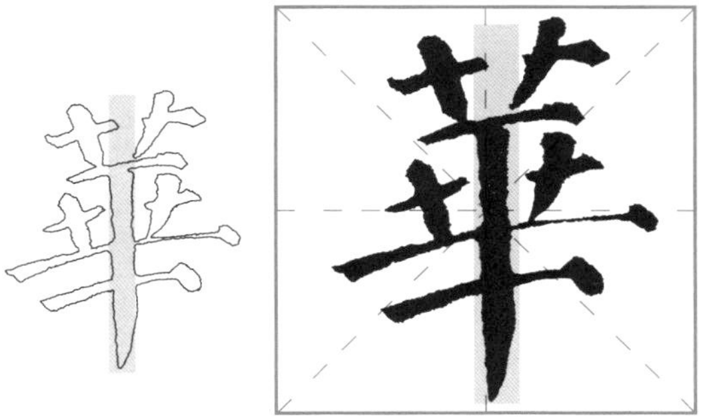

“华”：左右对称，悬针竖写得稍粗，居中。
“童”：上下部件对准，首点对准中竖；
“与”：上部左中右紧凑，长横与相背点撑稳重心；
“名”：“夕”部斜，但与“口”部一起撑稳重心；
“少”：主笔长撇斜，但重心斜中取正；
“宁”：四部件叠加，首点、竖钩等对准，使重心稳定。

二、分布均匀

对字进行相对等比例的空间分割，以使点画和留空都间距相等，达到整体均衡的视觉效果。可以从点画的排列上找到规律，一般横、竖笔画间的有序排列比较明显，也有综合性的均衡安排。

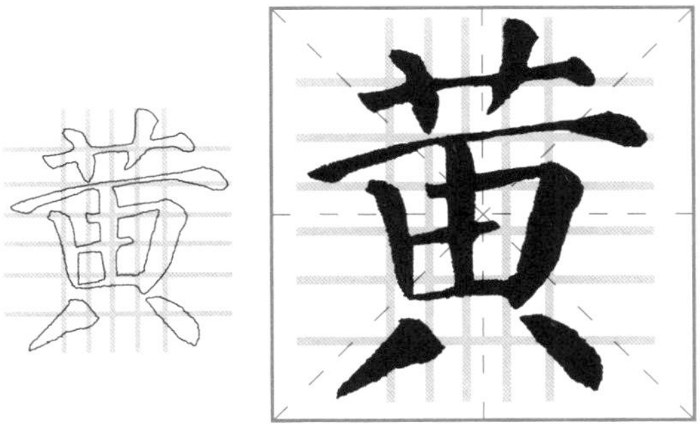

“黄”：横向纵向笔画间隔匀称；
“而”：纵向笔画间隔匀称，略显“左紧右松”；
“画”：横向笔画间隔匀称；
“后”：斜向笔画间隔匀称；
“非”：横向笔画间隔匀称；
“论”：横向纵向笔画间隔匀称。

三、相向为主

相向是指字的结构形式以( )为特征，可以是两竖的相向笔势，也可以是两个部件的相向组合。相背与之相反，指字的点画或部件关系以)(为特征。《颜勤礼碑》的字以相向为主，无论“向”或是“背”，都要做到顾盼呼应，气势贯通。

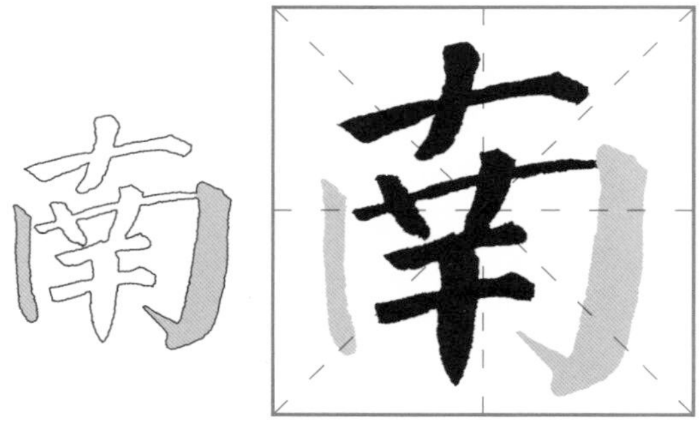

“南”：左竖与右折相向，左细右粗；
“国”：左竖与右折相向，左细右粗；
“行”：左竖与右竖钩相向，左细右粗；
“具”：左竖与右折相向，左细右略粗；
“阁”：左竖与右折相向，左细右粗；
“风”：左回锋撇与右弯钩相背。

四、穿插避让

字画交错的字，要注意字的各元素、笔画之间的穿宽插虚与相互避让，才能使整个字浑然一体，相得益彰。

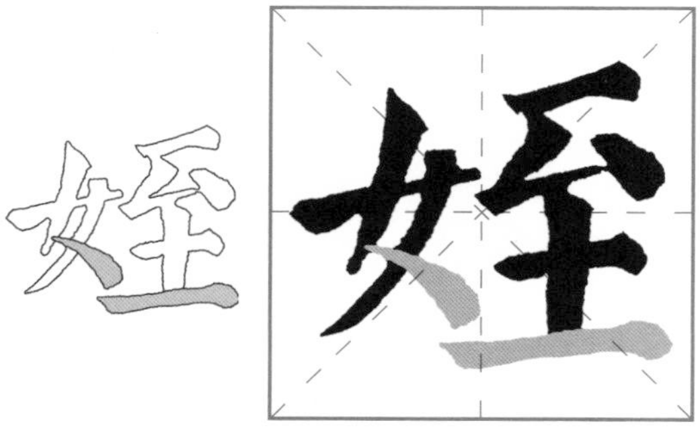

“娙”：长点与长横相互穿插避让；
“勤”：长撇穿插到左边部件的下方；
“茂”：斜钩的起笔穿插到草字头的中间；
“参”：中间撇捺的起笔穿插到上部的空档处；
“鹤”：右部四横靠上，“鸟”部四点穿插其下；
“数”：左右部件相互穿插避让。

五、重复变化

同一个字中两个或两个以上笔画或部件相同，可进行大小、轻重、主次等方面的变化，以避免形态结构雷同和呆板。

“慈”：上面的两个“玄”部变化呼应；
“食”：两笔捺画，上捺写成长点，下捺写成斜捺；
“诩”：两个“习”部形态变化呼应；
“摄”：三个“耳”合并笔画、变化呼应，形成整体；
“昌”：两个“日”部，上小下大，形成整体；
“品”：三个“口”部，相互呼应，形成整体。

六、外形多样

如果将《颜勤礼碑》中字的外轮廓兜围起来，可发现其外形非常丰富，可用几何图形直观概括。临写时应充分体现出这些外形上的特征与差异，使字更为自然生动。

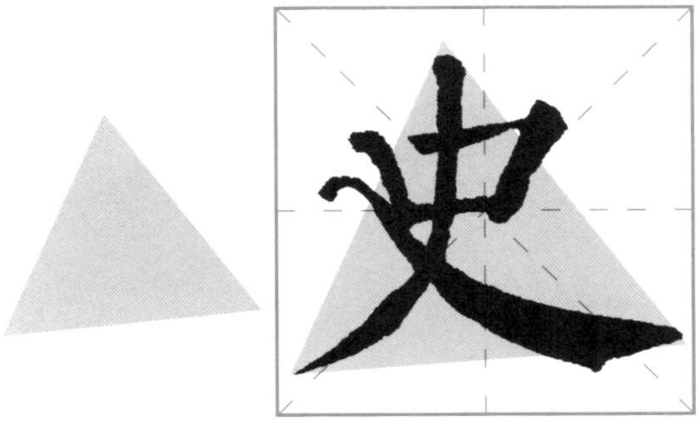

“史”：整体字形呈三角形；
“令”：整体字形呈菱形；
“孝”：整体字形呈正六边形；
“于”：整体字形呈圆形；
“至”：整体字形呈梯形；
“四”：整体字形呈扁方形。

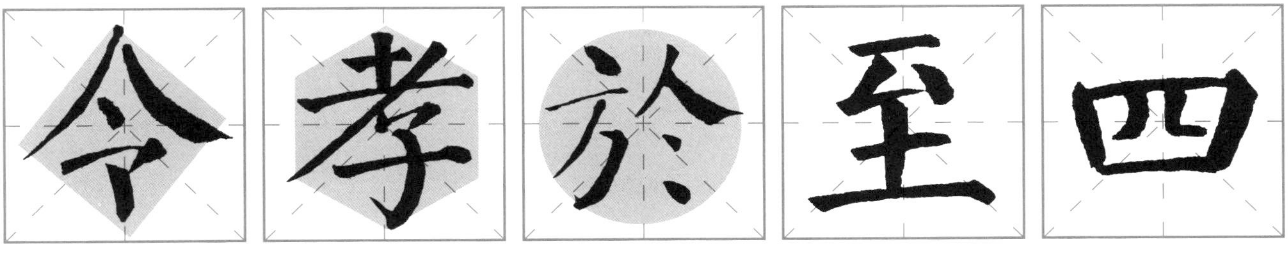

七、同字异形

两个相同的字在笔画粗细或结构形式上有所变化，使重复字避免雷同单调之感。同字异写不能随便而为，应取古代已确立的写法，做到“无一字无来历”。

光	并	曹
光	并	曹
光	竝	曹
从	为	撰
從	為	撰
從	爲	譔

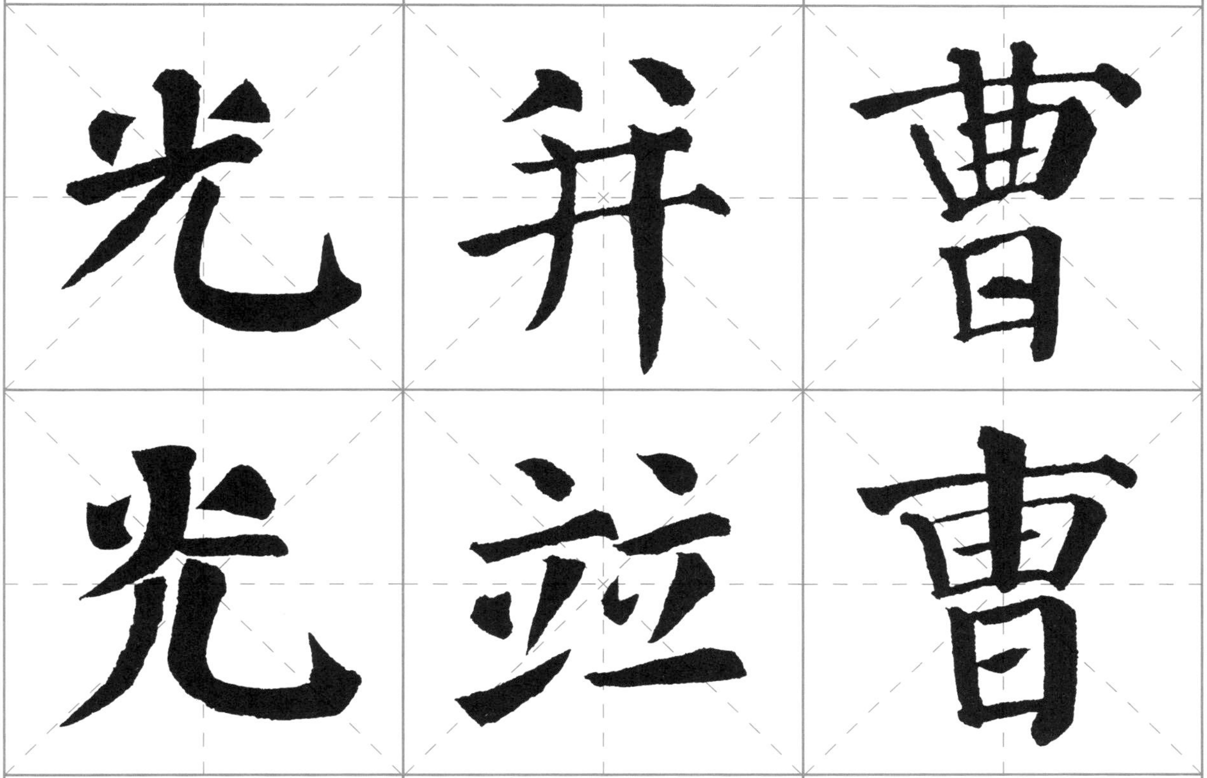

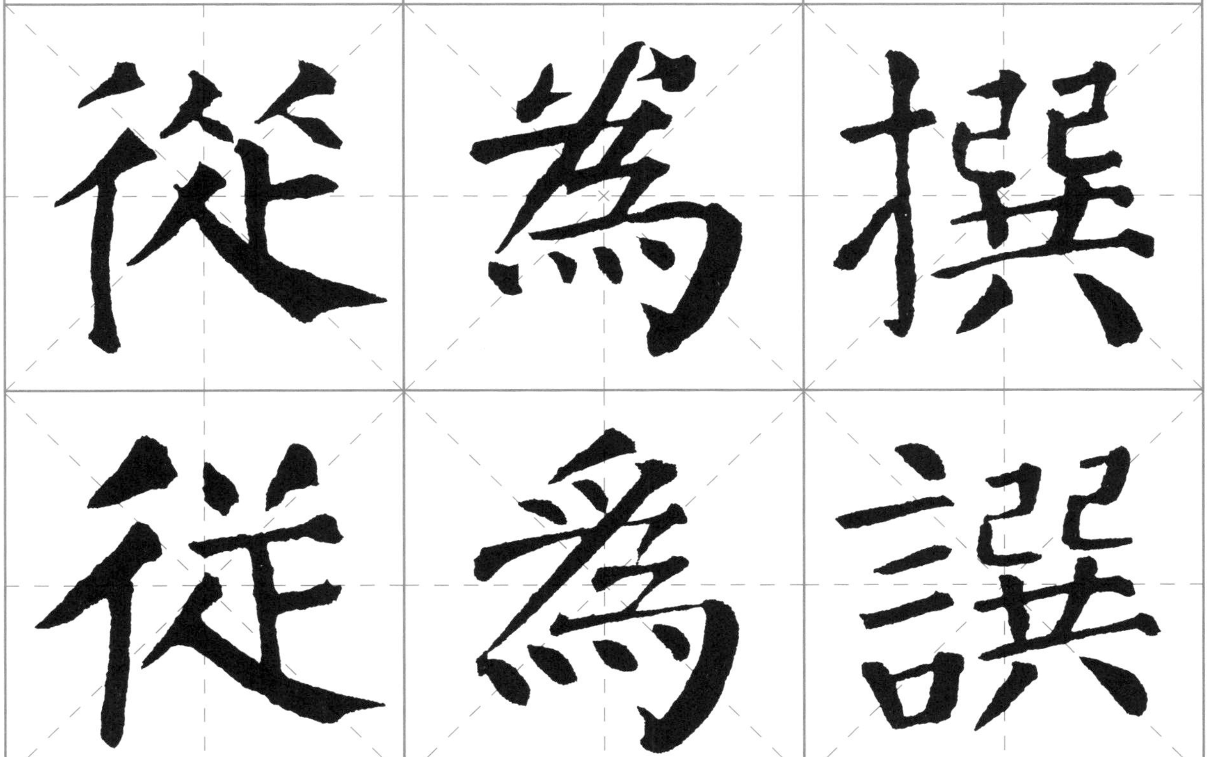

八、拓展：宜万年　诗入画图中（思飘云物外 诗入画图中）

临习要点

“宜”、“诗”、“画”等字，横向笔画间隔匀称；“万”、“图”等字，横向纵向笔画都间隔匀称，且左竖与右折笔势相向；“年”上下结构，上下两个中竖对准，使重心稳定；“入”、“中”为独体字，整体字形分别为三角形、菱形。

创作提示

楷书条幅也可将上款题于正文右侧，一般上款略高，下款略低。

作品“诗入画图中”五字存在明显的繁与简，导致字形有明显的大与小，一般多笔画字，形体较宽大，少笔画字形体较狭小，并使作品整体和谐统一。

幅式参考

条幅

第七讲
集字创作

集字创作，是从原字帖中挑出一些单字，组成新的有意义的文词作为素材进行创作。要注意调整好字与字之间的笔势呼应、相互配合，使整体协调。

一、条幅与中堂

尺幅：条幅的宽和高的比例通常为 1 ∶ 3 或 1 ∶ 4；中堂的宽和高的比例通常为 1 ∶ 2。

特点：少字数的条幅作品，需表现出颜体圆劲饱满、气势雄伟的特点。“博学”二字笔画数较多，力求表现布白均匀、端庄雄伟的特点；“厚德而广惠”五字作品，力求做到收放有致，雄健含蓄。

款印：落款稍靠紧正文，并处于正文的中间偏上一点，起首的字可在正文的两个字的中间，也可在某一个字的中间位置，这样才能使作品的整体有错落有致的效果。

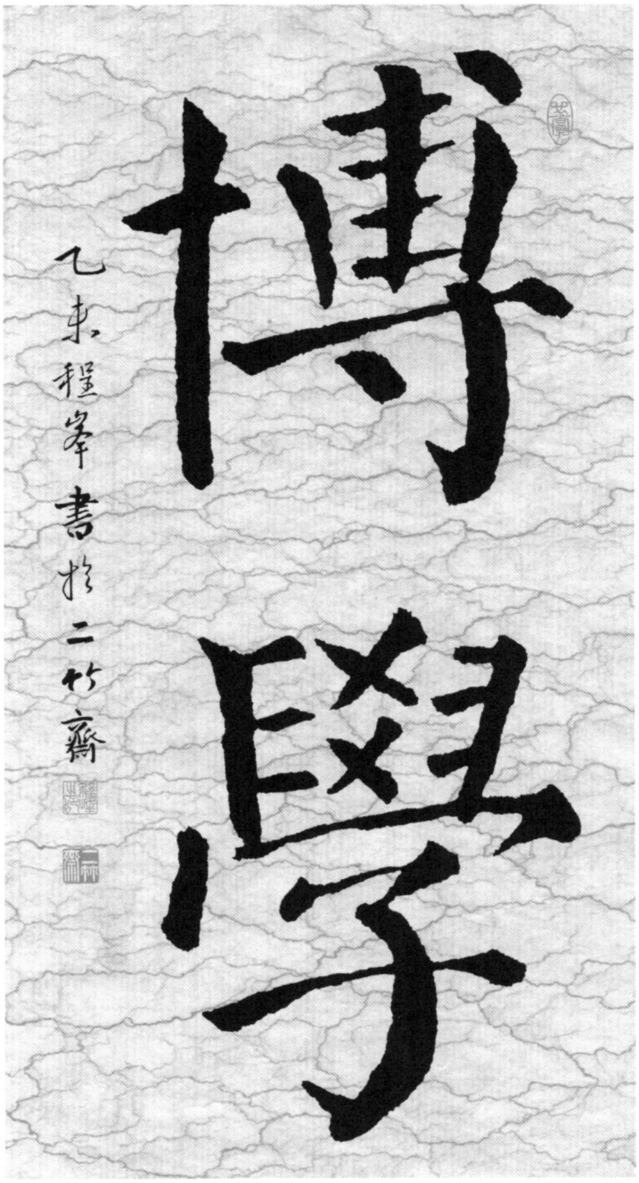

中堂

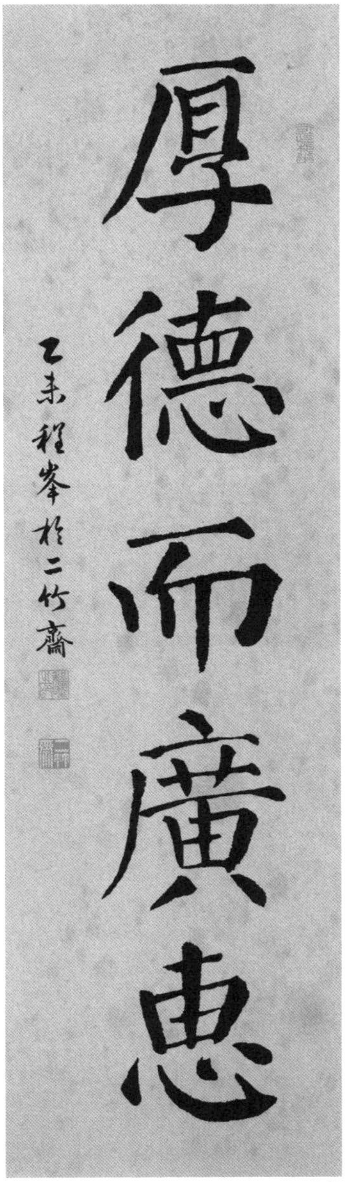

条幅

二、横幅

尺幅：把中堂或条幅的宣纸横放即可。

特点：这幅作品的四个字以端庄为主，静中有动，稳中求胜，给人以一种平和、庄重的感觉。

款印：落款宜用穷款，作品的右上方可打一枚引首章，落款之后须打一枚姓名章或加一枚闲章。印章在书法作品中主要起点缀作用，所以一幅作品的印章也不能过多，一般是一至三方为宜。

横幅

三、斗方

尺幅：宽和高的比例为 1 ∶ 1，可以是四尺宣纸横对开、三尺宣纸横对开、四尺宣纸开八。常见尺寸有 69×69cm、50×50cm、35×35cm 等。

特点：斗方这一形制比较难处理，它容易整齐严肃有余，而生动活泼不足，用唐楷来书写更是如此。下面作品的字大小、粗细、长短等的变化较大，若处理得当，能使整幅作品静中见动、生趣盎然。

款印：多字数斗方作品的落款不宜太短，才能使整幅作品显得更为稳健。

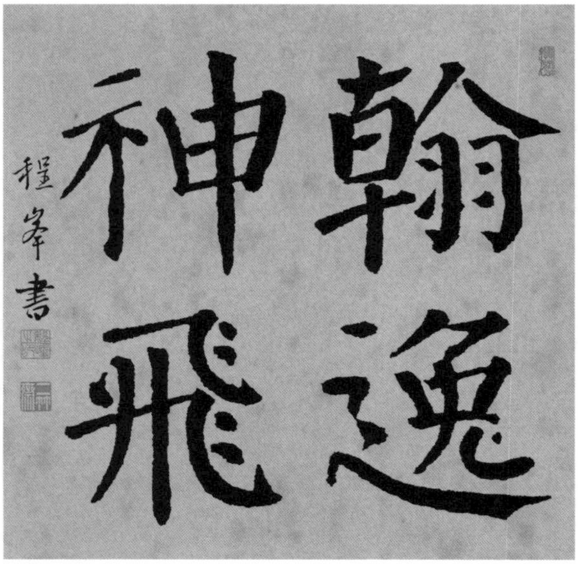

斗方 1

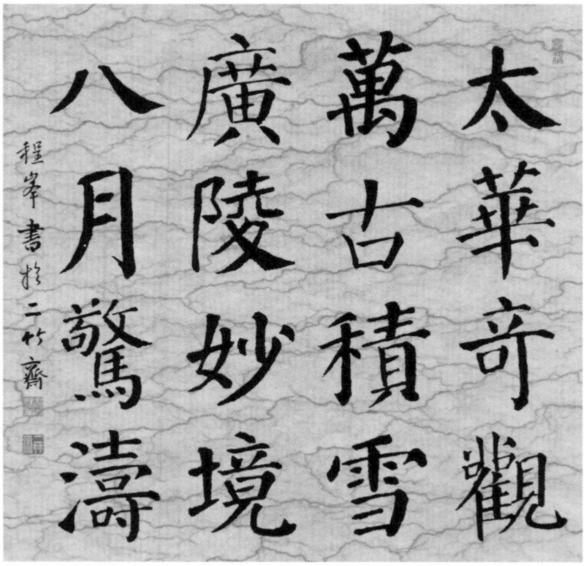

斗方 2

四、团扇

尺幅： 扇面有团扇、折扇之分。团扇作品，可将宣纸剪成圆形或将正方形剪成四角对称圆角即可。

特点： 团扇的形状是圆形的，书写的时候可以“因形制宜”，也可以“外圆内方”，团扇楷书，需设计好每行字数及落款位置。

款印： 落款可用错落有致的双款，以稳定作品的重心，增加作品的变化。

团扇 1

团扇 2

五、折扇

尺幅： 扇面有团扇、折扇之分。这是一幅折扇。

特点： 由于折扇的形式是上宽下窄，如果每行的字数多并写满必然会造成上松下紧的局面，因此可以采用一行字多，一行字少的方法来避免这种状况，例如“3–1”式、“4–1”式等，但多字行的最后一字还得与扇面的底部保持一定的距离。

款印： 落款字可比正文略小一些，落款的长短根据需要与正文的最后一行形成错落，使得整幅作品协调而富有变化。

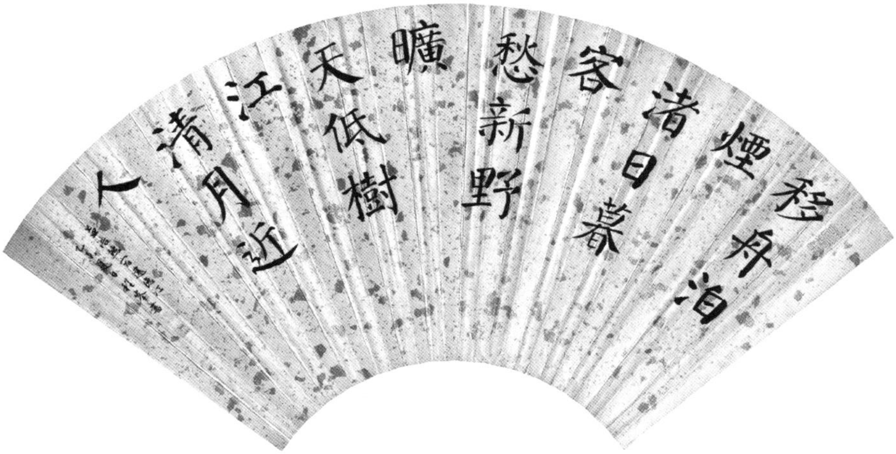

折扇

六、对联

尺幅：三尺或四尺宣纸直对开，或现成的瓦当对联宣纸。

特点：因为上下联分别写在大小相同的两张纸上，又组成一个整体，因此书写时要上下联头尾对齐，字要写在纸的中心线上。一般情况下，字的上下、左右要对齐，可以通过加强字本身的大小、粗细变化来制造效果。

款印：如落单款，可写在下联的左边，位置可上可下，视效果而定。如落上下款，则上款写在上联的右上方，下款写在下联的左方，要低于上款。也可以都写在联上，视主题和效果而定。

五言对联

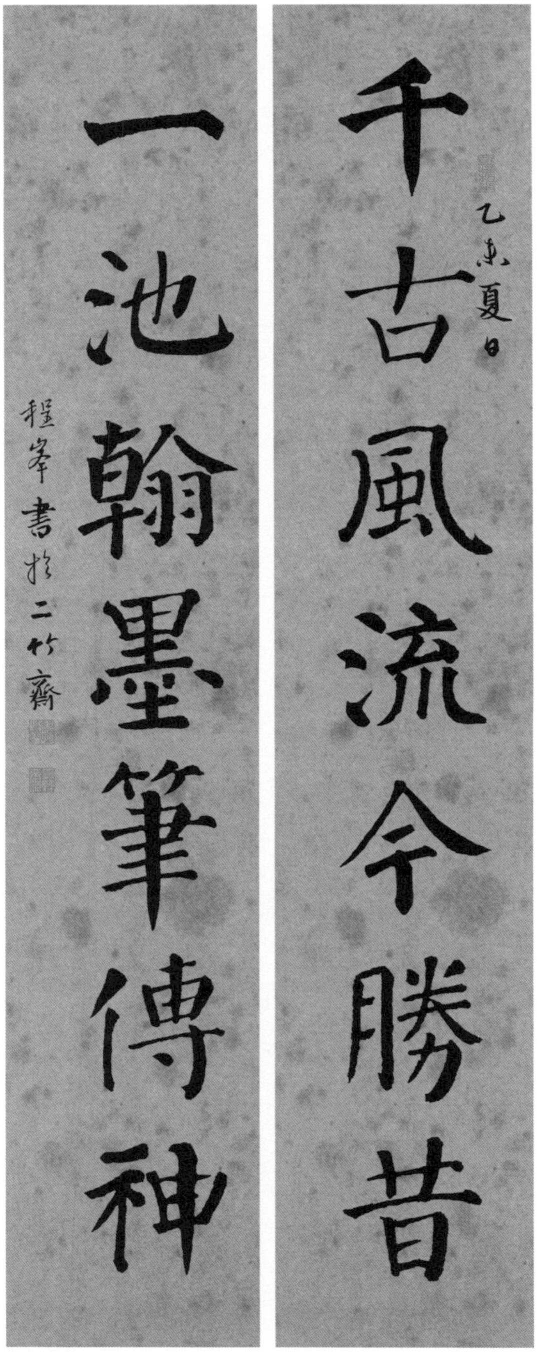

七言对联

七、集字创作参考

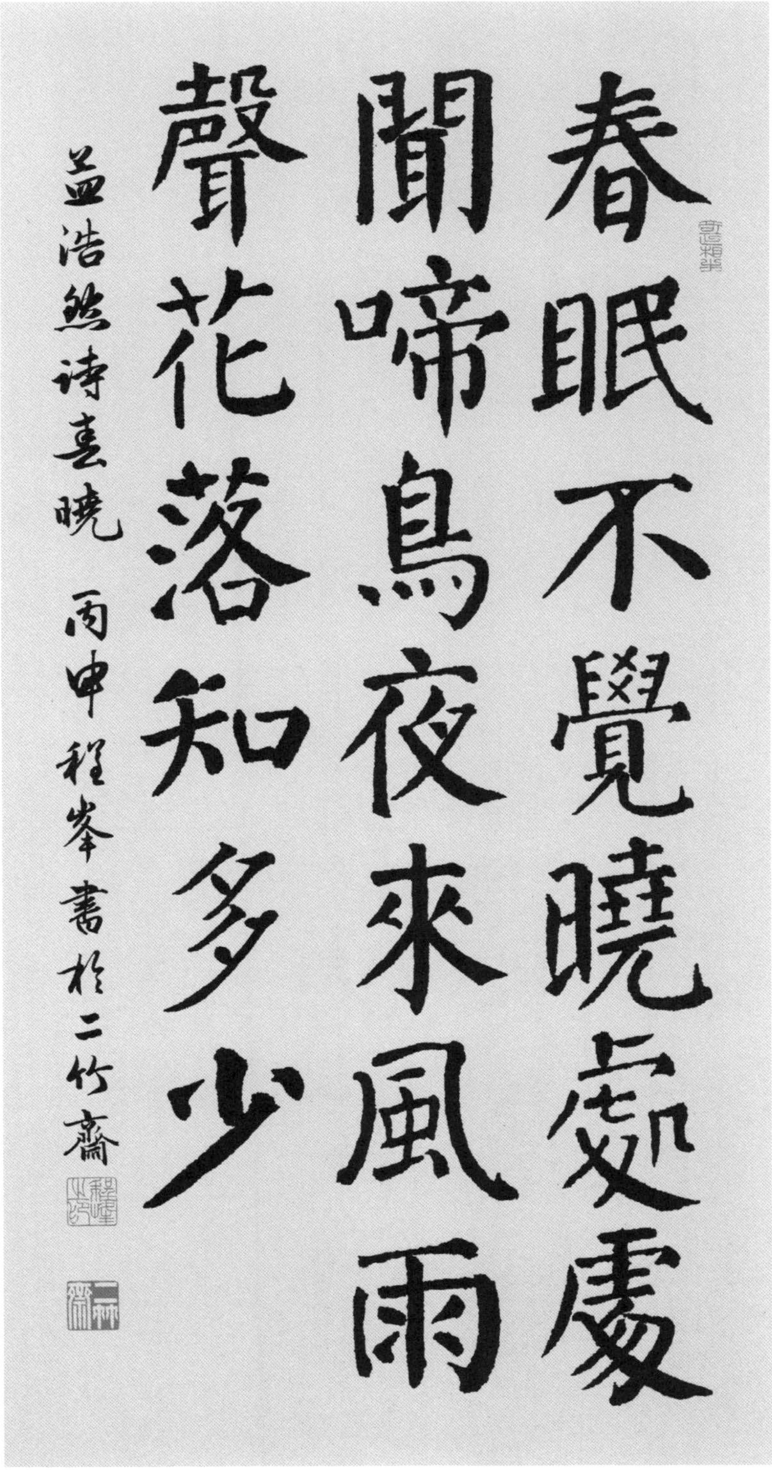
春眠不覺曉處處
聞啼鳥夜來風雨
聲花落知多少
孟浩然诗春晓
丙申程峰書於二竹齋
中堂

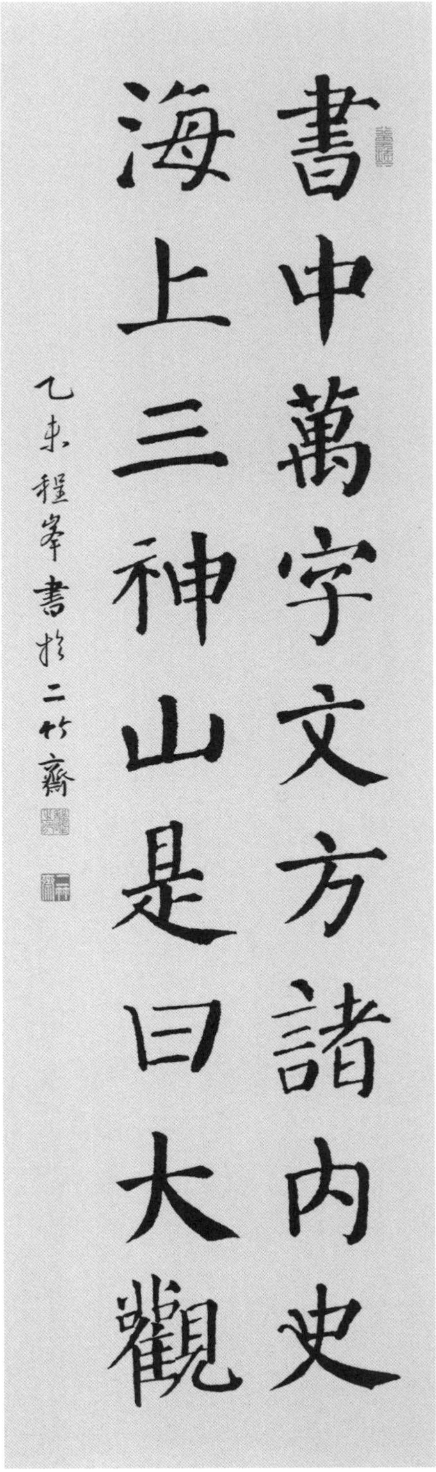
書中萬字文方諸內史
海上三神山是曰大觀
乙未程峰書於二竹齋
条幅

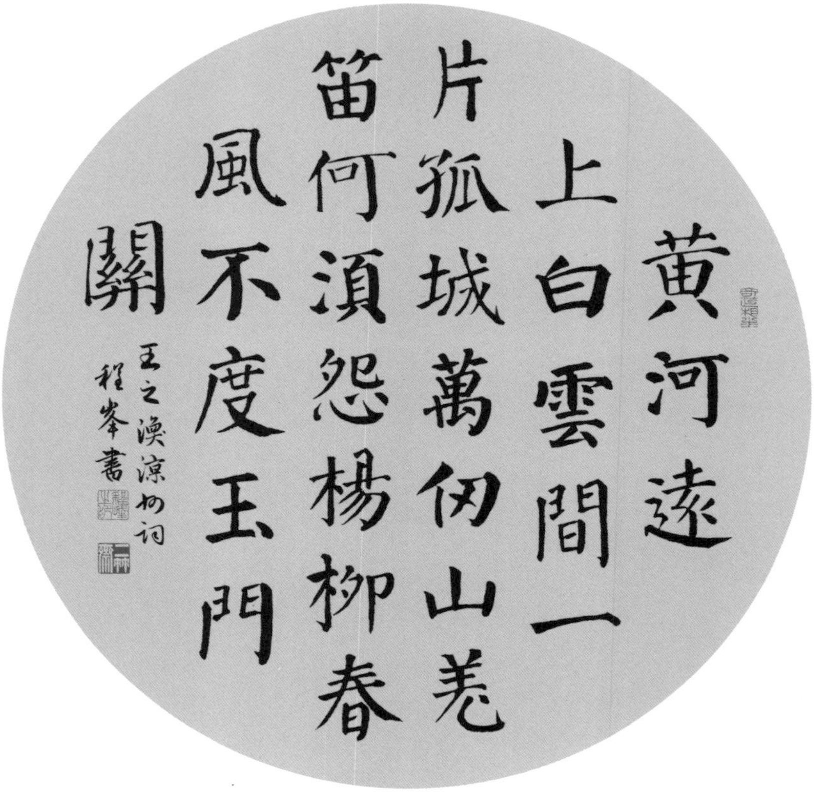
黃河遠上白雲間一片孤城萬仞山羌笛何須怨楊柳春風不度玉門關
王之渙涼州詞 程峯書
团扇

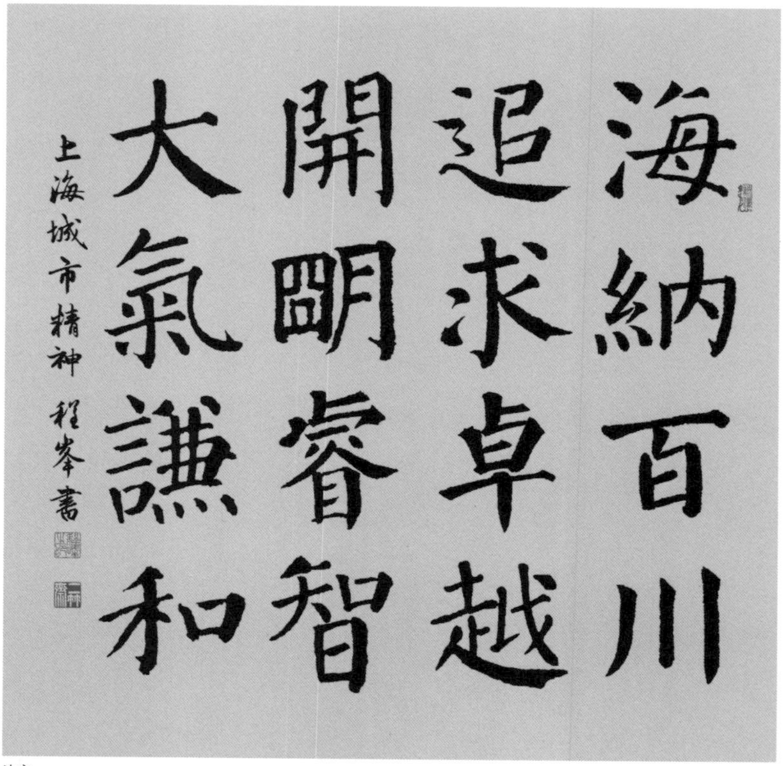
海納百川追求卓越開明睿智大氣謙和
上海城市精神 程峯書
斗方

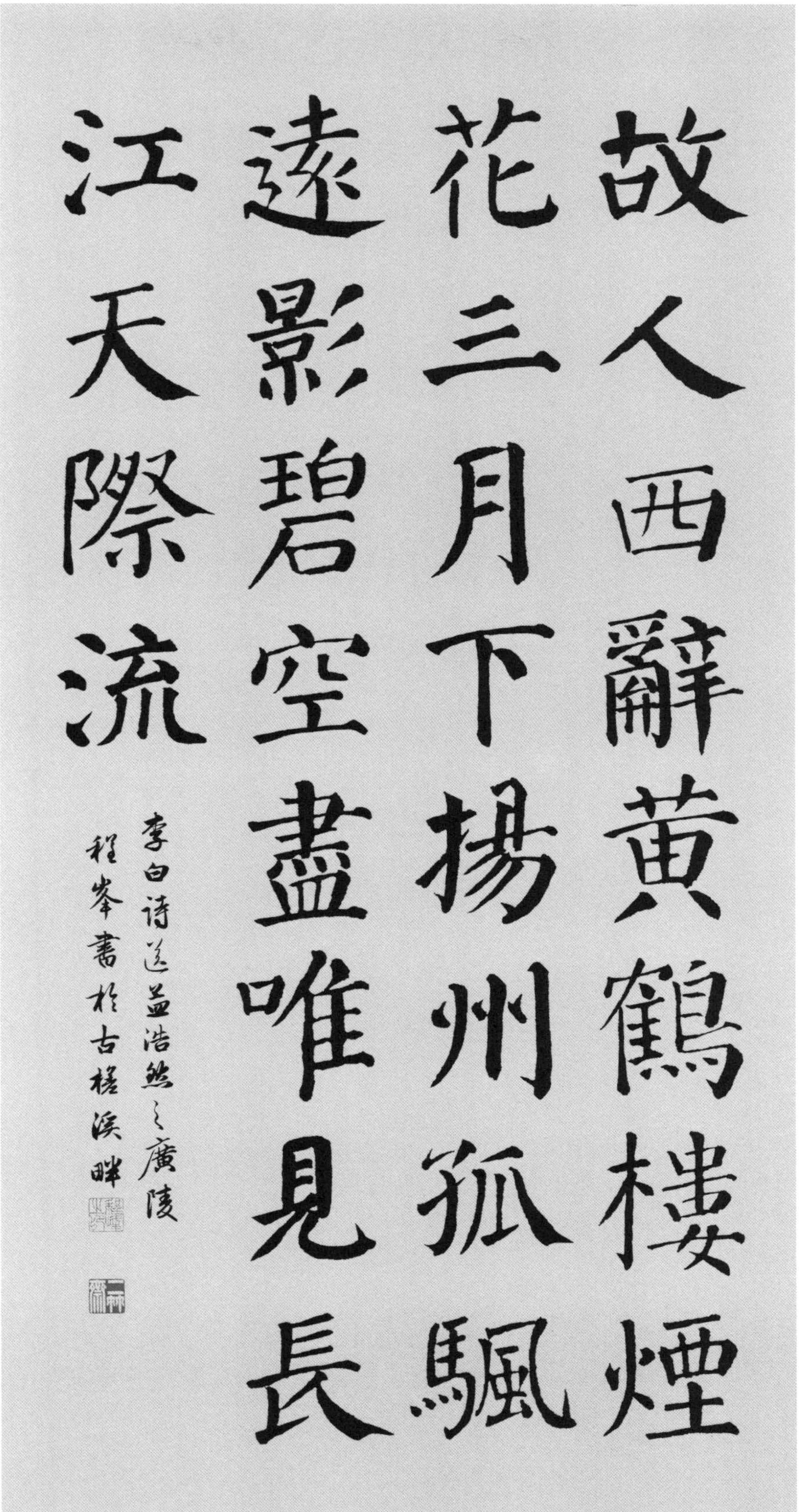
故人西辭黃鶴樓煙
花三月下揚州孤颿
遠影碧空盡唯見長
江天際流
李白詩送孟浩然之廣陵
程峯書於古樓溪畔

中堂

曰

教育部书法教材推荐碑帖范本

颜真卿颜勤礼碑

上海书画出版社

《颜真卿颜勤礼碑》简介

颜真卿（七〇八—七八四，一作七〇九—七八五）唐代书家。字清臣，琅玡临沂（今属山东省）人。官平原太守，历迁刑部尚书、太子太师、赠司徒，封鲁国公，谥文忠。少孤贫，乏纸笔，以黄土扫墙学书。晚以篆意融入真书，字有金石气，独辟蹊径，一改初唐士人风靡二王之积习，雄健豪放，后世书家多以为可与羲、献旧体抗衡。是继二王书法后的又一高峰。

《勤礼碑》全称《唐故秘书省著作郎夔州都督府长史上护军颜君神道碑》。是颜真卿撰并书。唐大历十四年（七七九）立。石旧在陕西西安。宋元祐间石佚。一九二二年十月在西安旧藩廨库基中重出时，碑已中断。今存西安碑林。正书。四面刻。以石久埋土中，未经椎拓剔剜，故铓铩如新，神采奕奕。书法气势磅礴，雄迈清整，为颜氏晚年佳作。

该碑书法为楷书学习之最佳范本之一。

唐故秘书省著 作郎夔州都督 府长（史）上护军 颜君神道碑

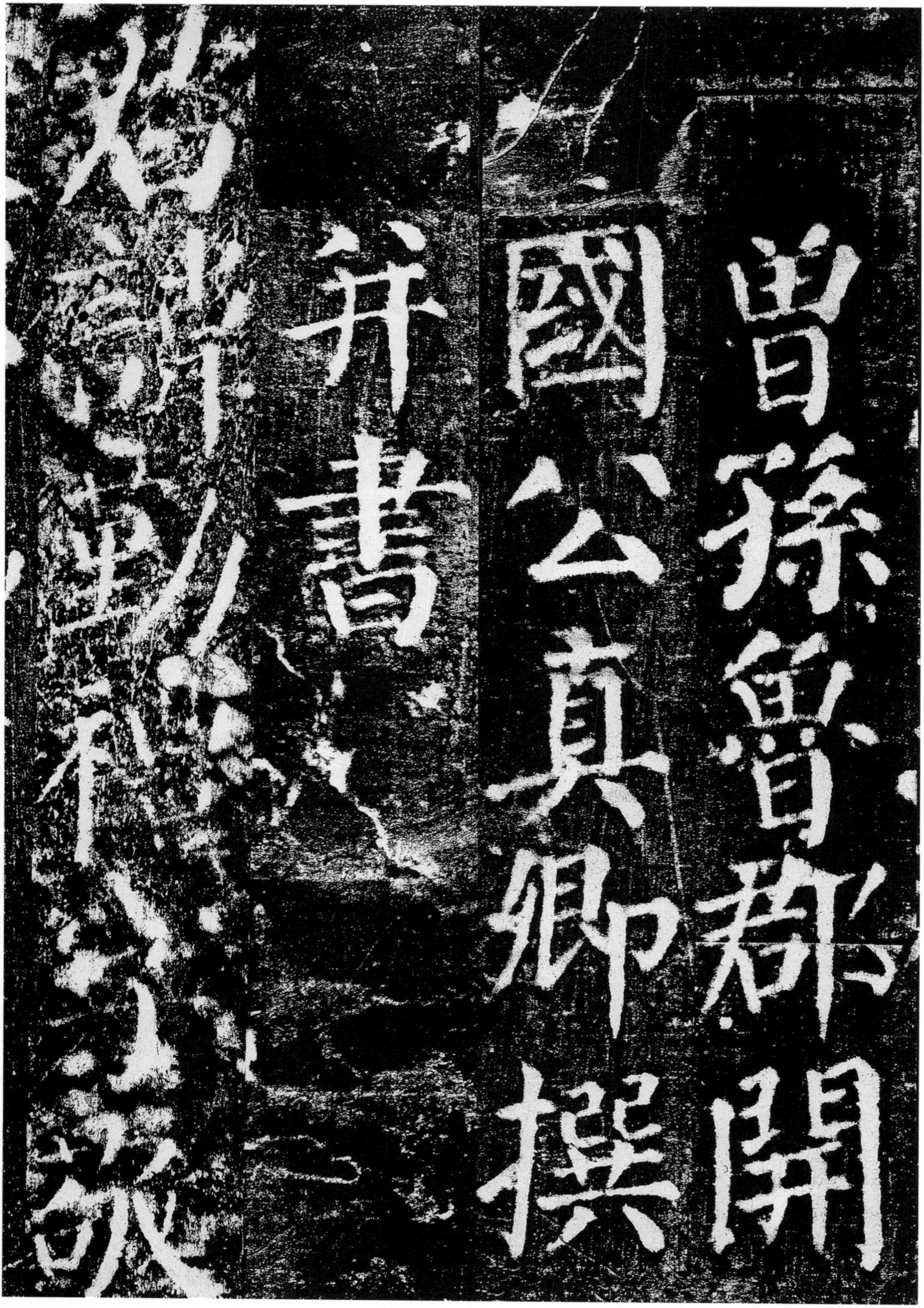
曾孫魯郡開
國公真卿撰
并書

曾孙鲁郡开　国公真卿撰　并书　君讳勤礼字敬

琅邪临沂人高　祖讳（见）远齐御　史中丞梁武帝　受禅不食数日

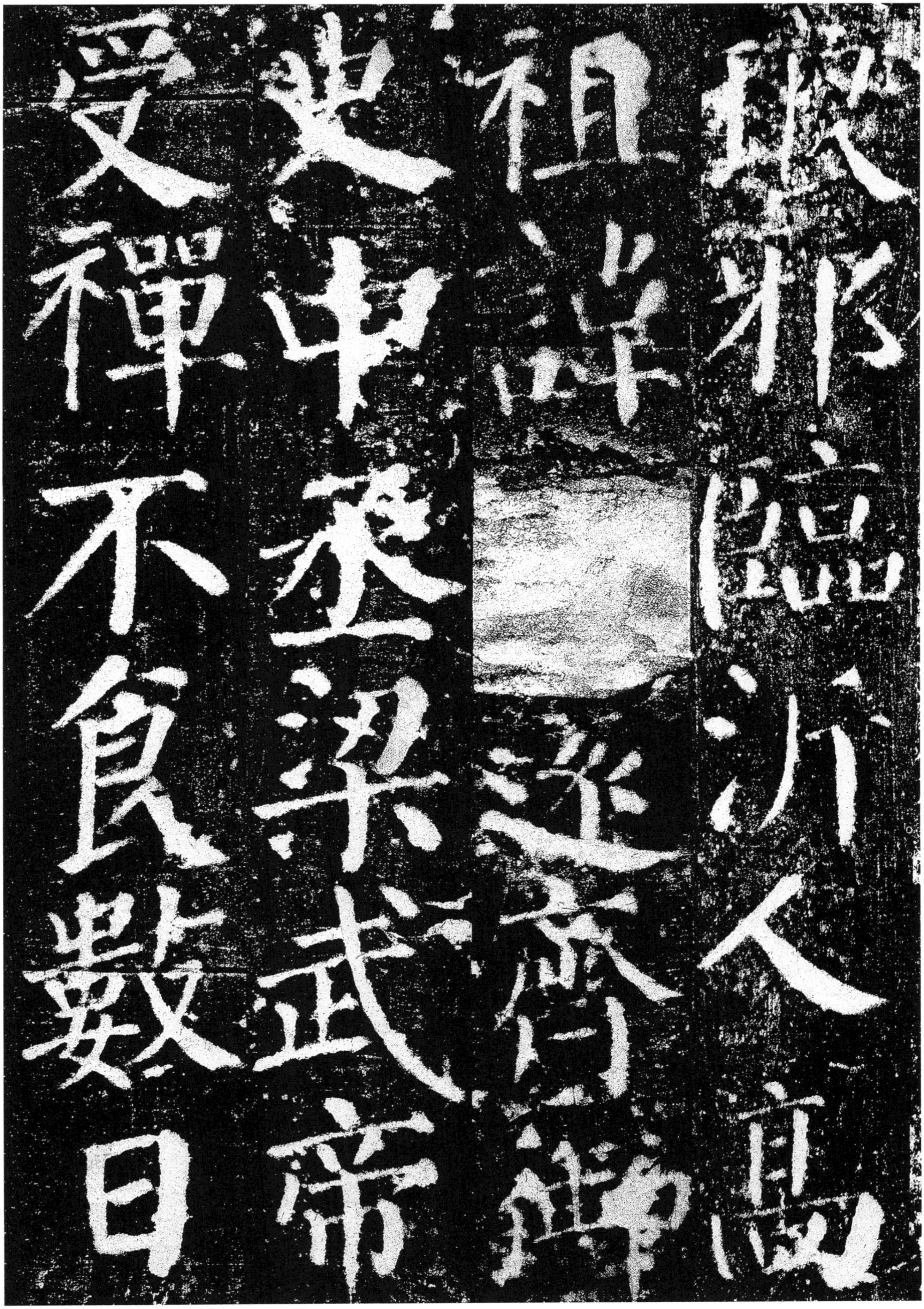

一恸而绝事见　梁齐周书曾祖　讳协梁湘东王　记室参军（文）苑

有传祖讳之推　北齐给事黄门　侍郎隋东宫学　士齐书有传始

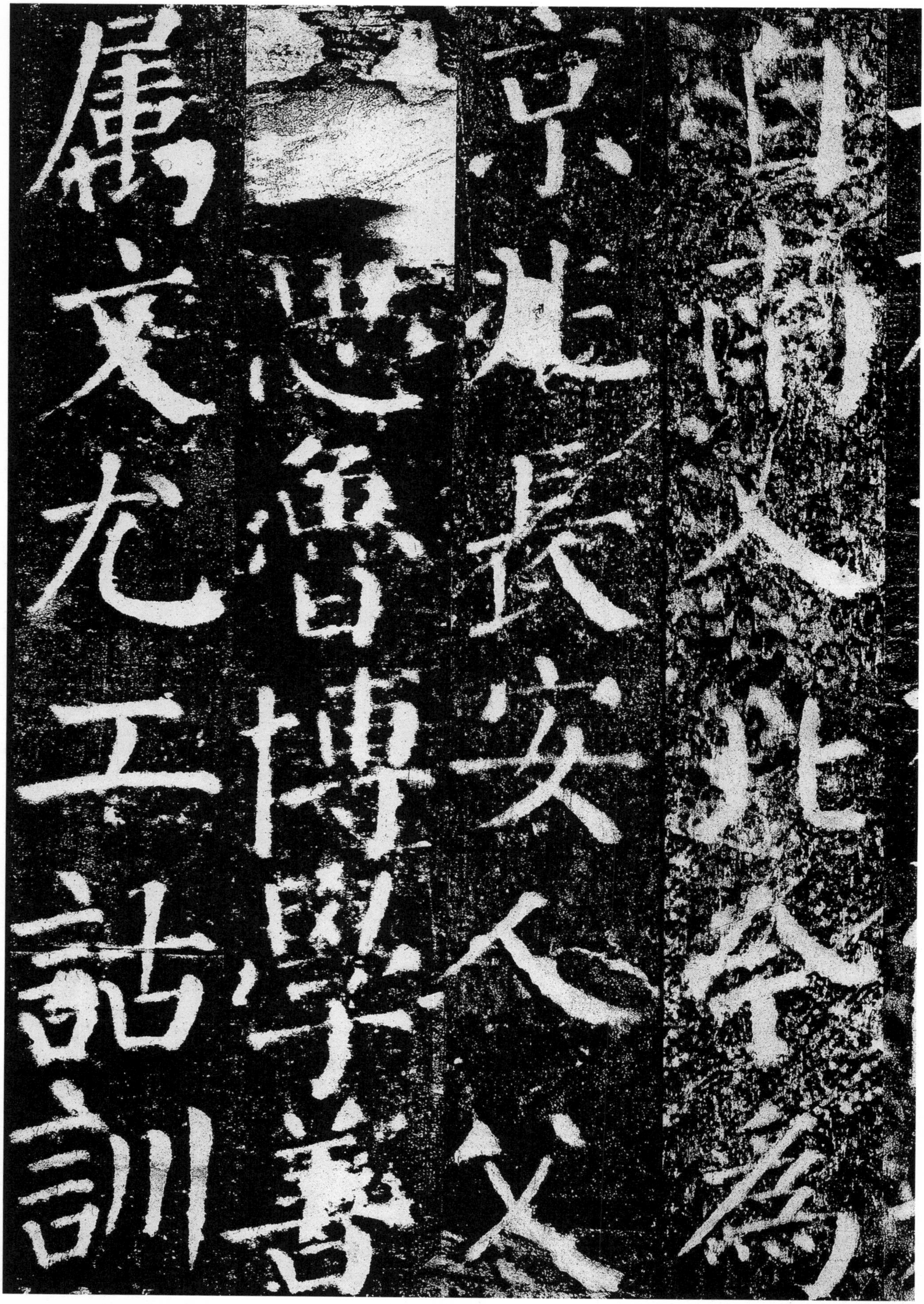

自南入北今为　京兆长安人父　（讳）思鲁博学善　属文尤工诂训

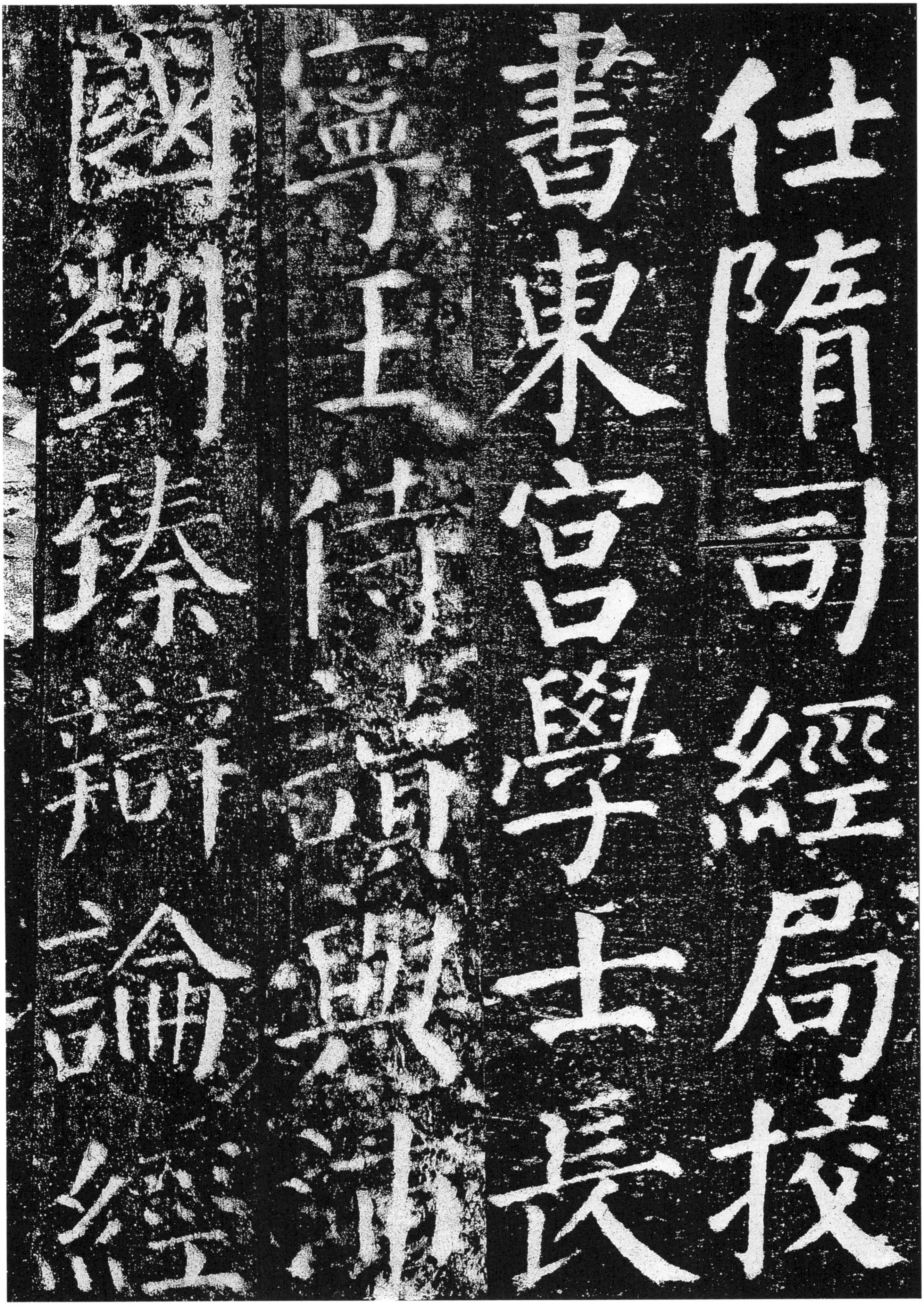
仕隋司經局校
書東宮學士長
寧王侍讀與沛
國劉臻辯論經

仕隋司经局校　书东宫学士长　宁王侍读与沛　国刘臻辩论经

義臻屈焉齊

書黃門傳云集

序君自作後加

踰岷將軍

义臻（屦）屈焉齐　书黄门传云集　序君自作后加　逾岷将军

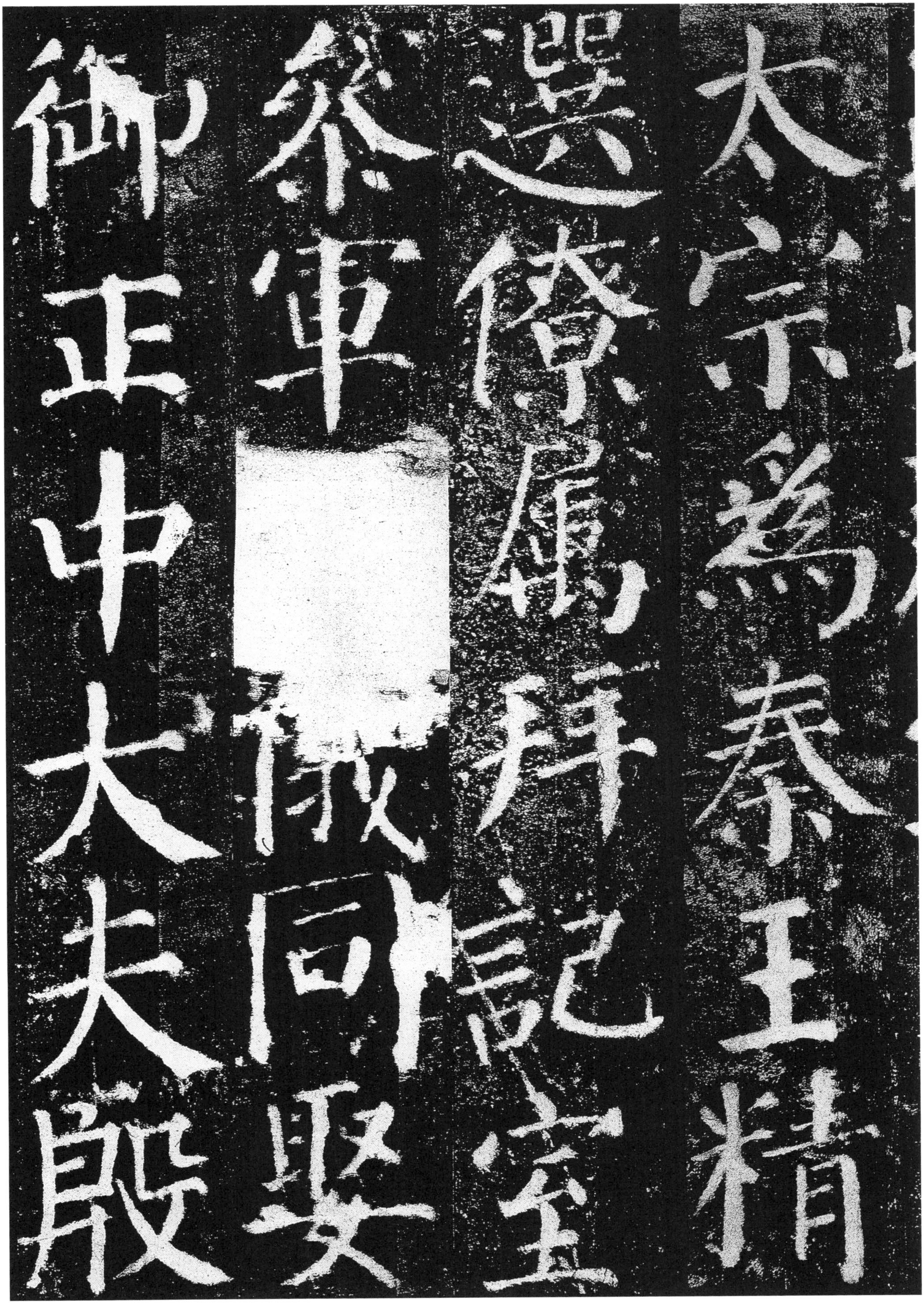
太宗為秦王精
選僚屬拜記室
參軍儀同娶
御正中大夫殷

太宗为秦王精　选僚属拜记室　参军（加）仪同娶　御正中大夫殷

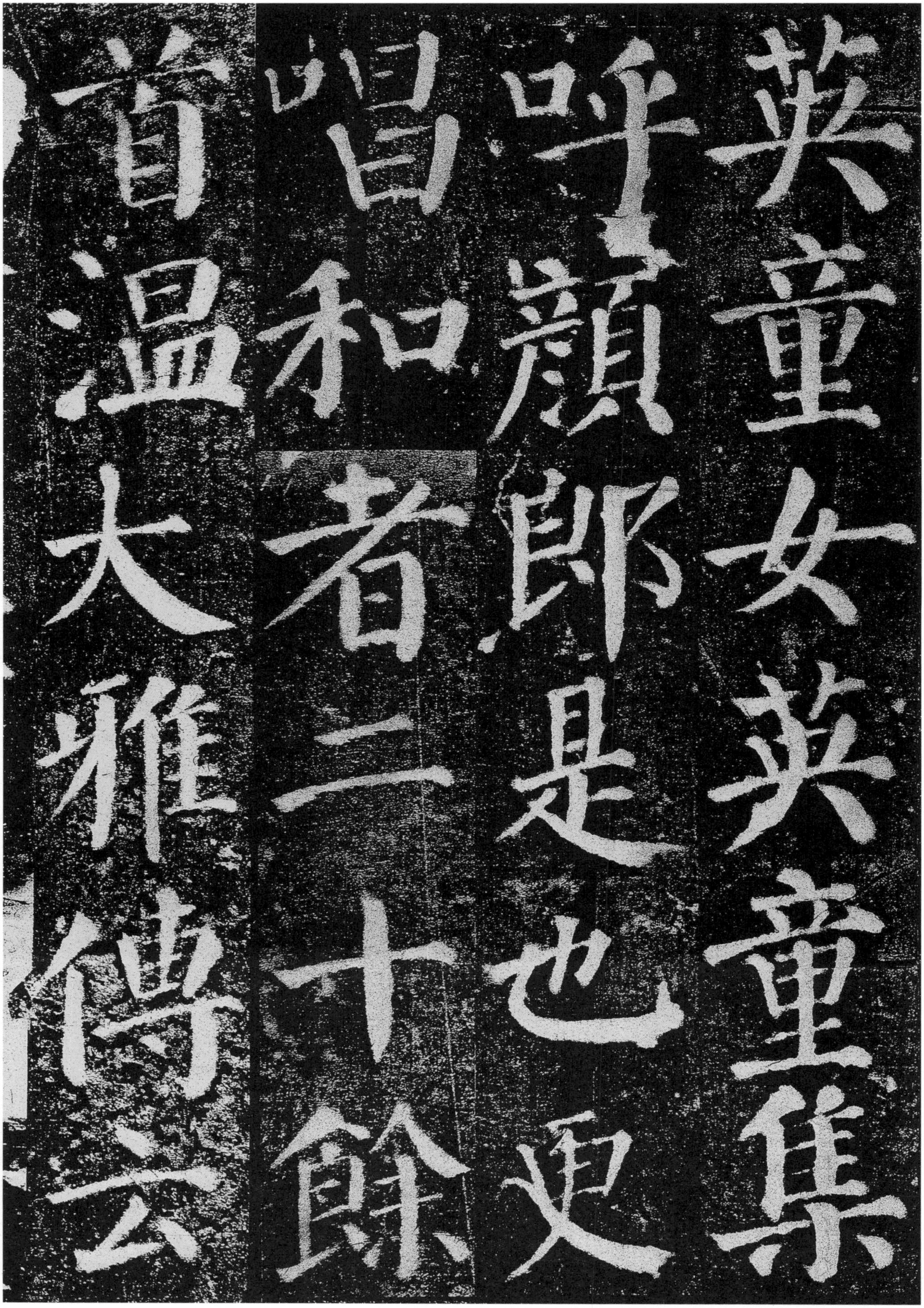

英童女英童集　呼颜郎是也更　唱和者二十余　首温大雅传云

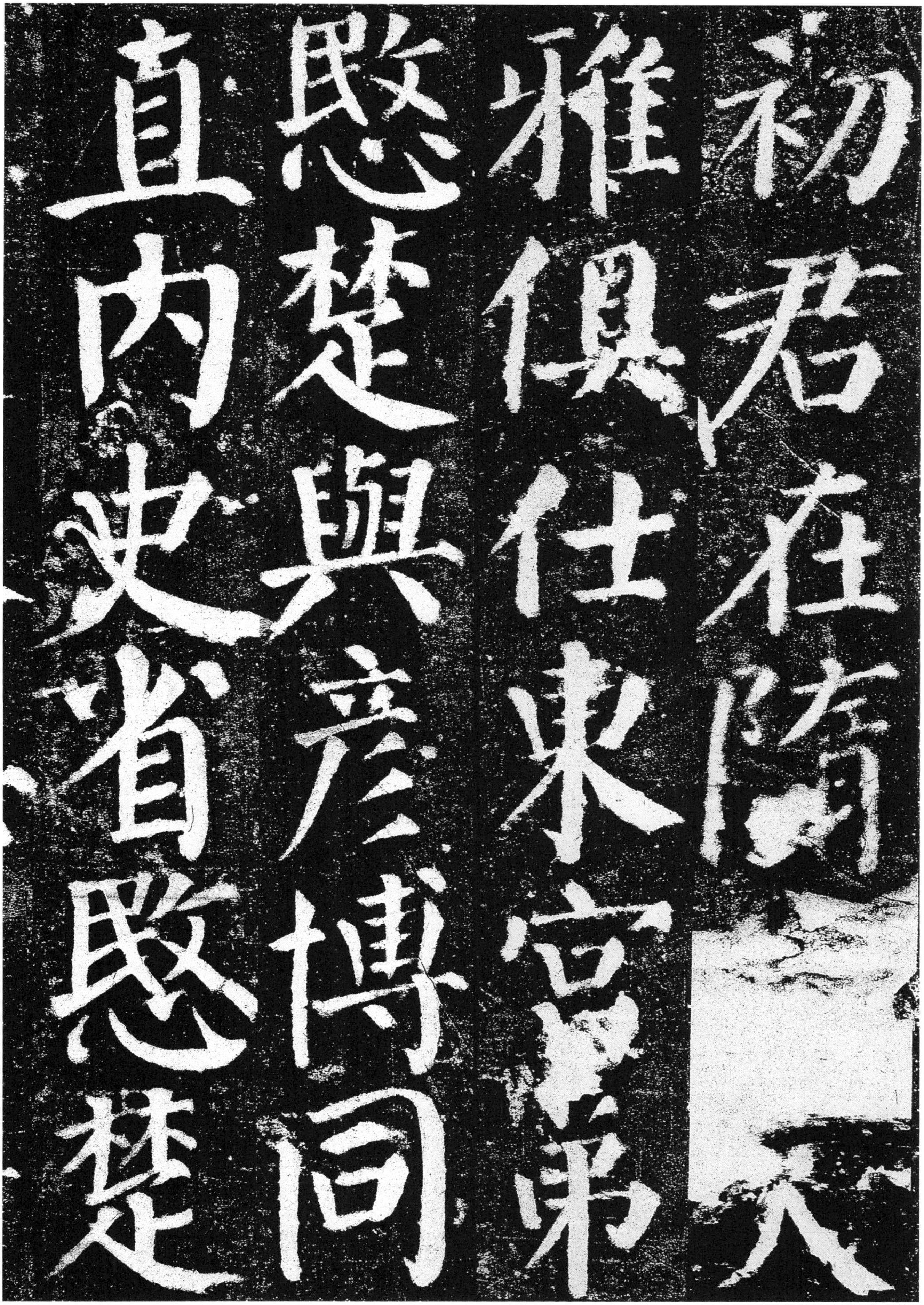

初君在隋（与）大　雅俱仕东宫弟　愍楚与彦博同　直内史省愍楚

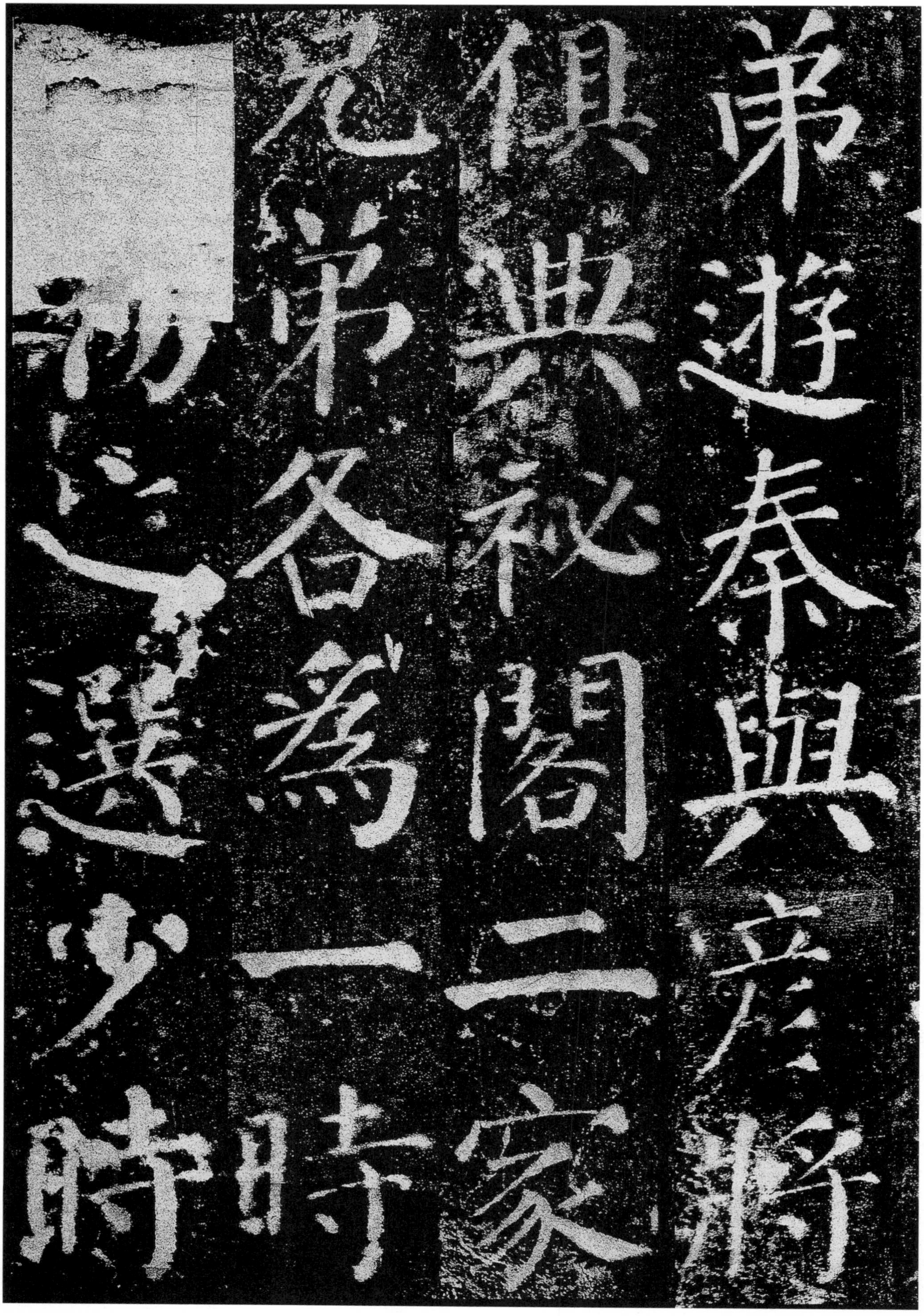

弟游秦与彦将　俱典秘阁二家　兄弟各为一时（人物）之选少时

學業顏氏爲優
其後職位溫氏
爲盛事具唐史
君幼而朗晤識

学业颜氏为优　其后职位温氏　为盛事具唐史　君幼而朗晤识

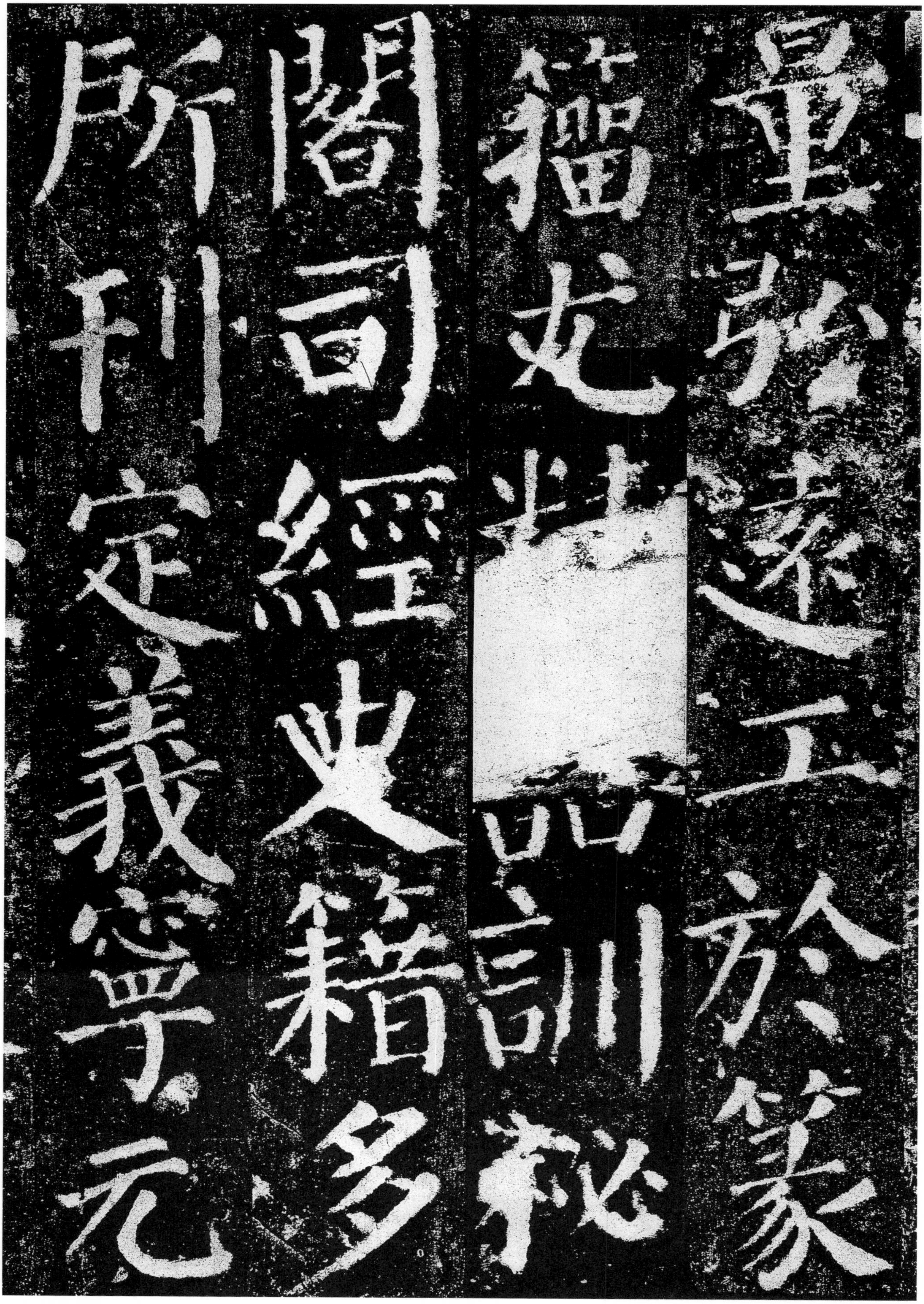

量弘远工于篆　籀尤（精诂）训秘　阁司经史籍多　所刊定义宁元

年十一月从　太宗平京　城授朝散正议　大夫勋解（褐秘）

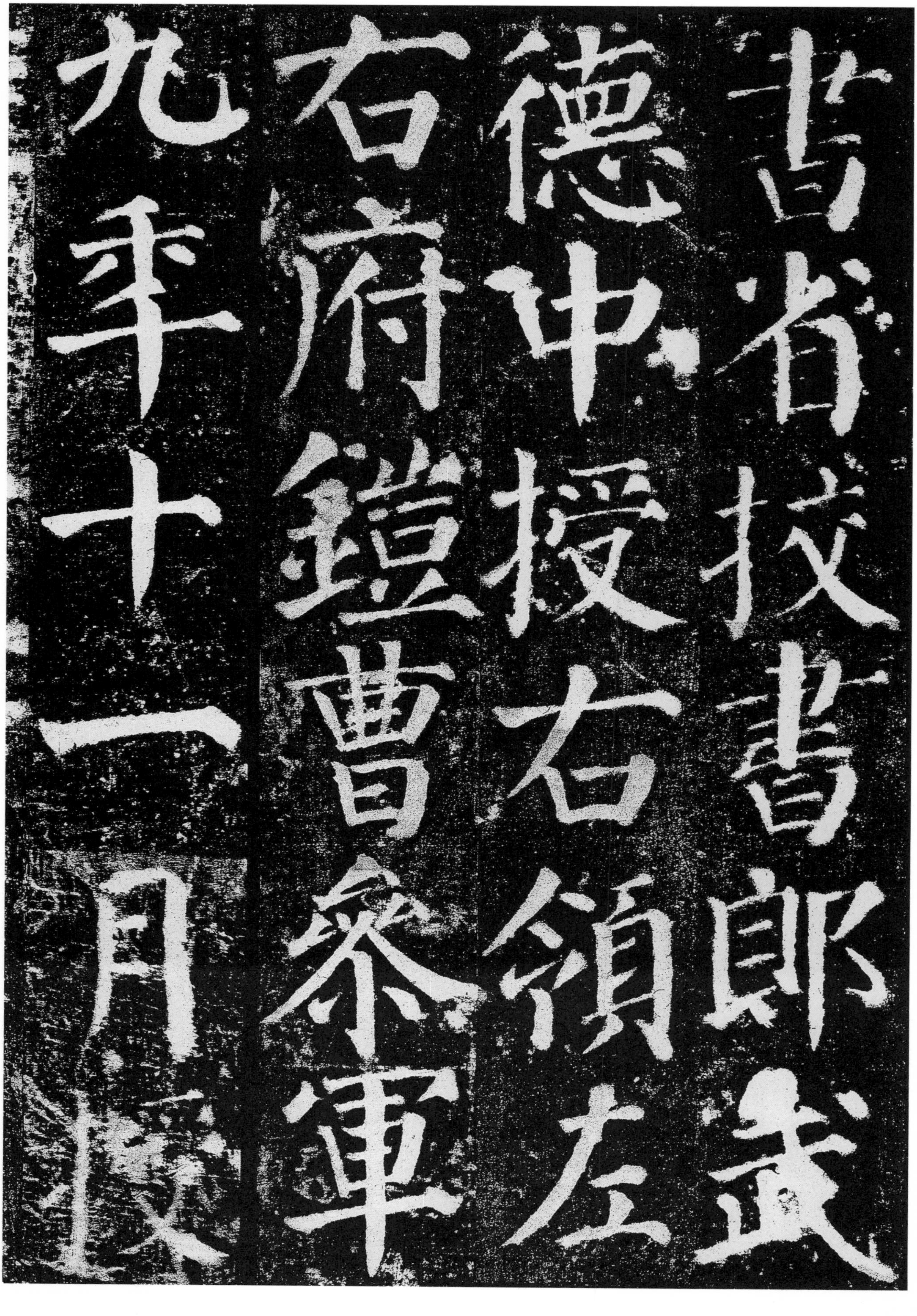

书省校书郎武　德中授右领左　右府铠曹参军　九年十一月授

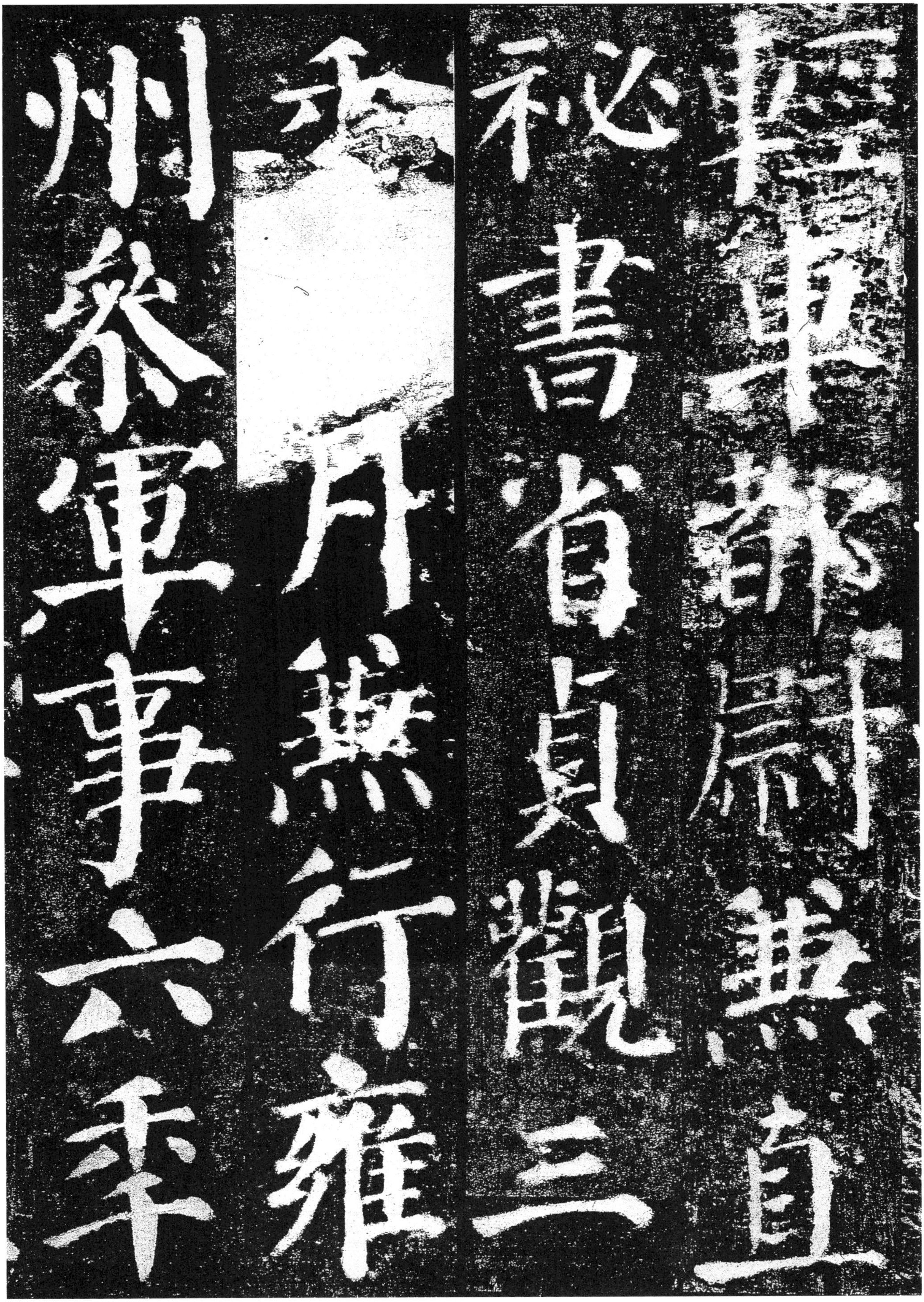

轻车都尉兼直 秘书省贞观三 年（六）月兼行雍 州参军事六年

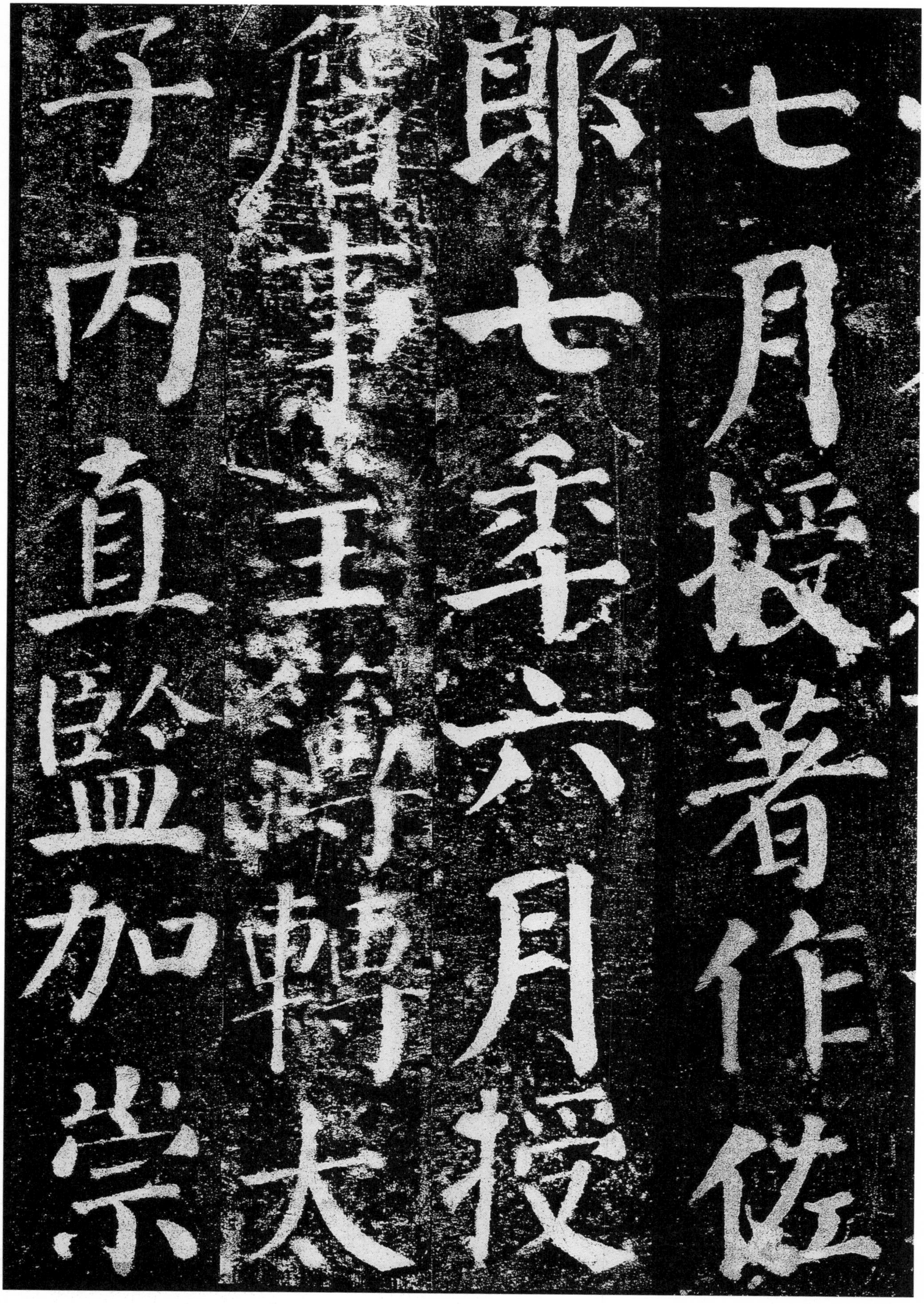

七月授著作佐　郎七年六月授　詹事主簿转太　子内直监加崇

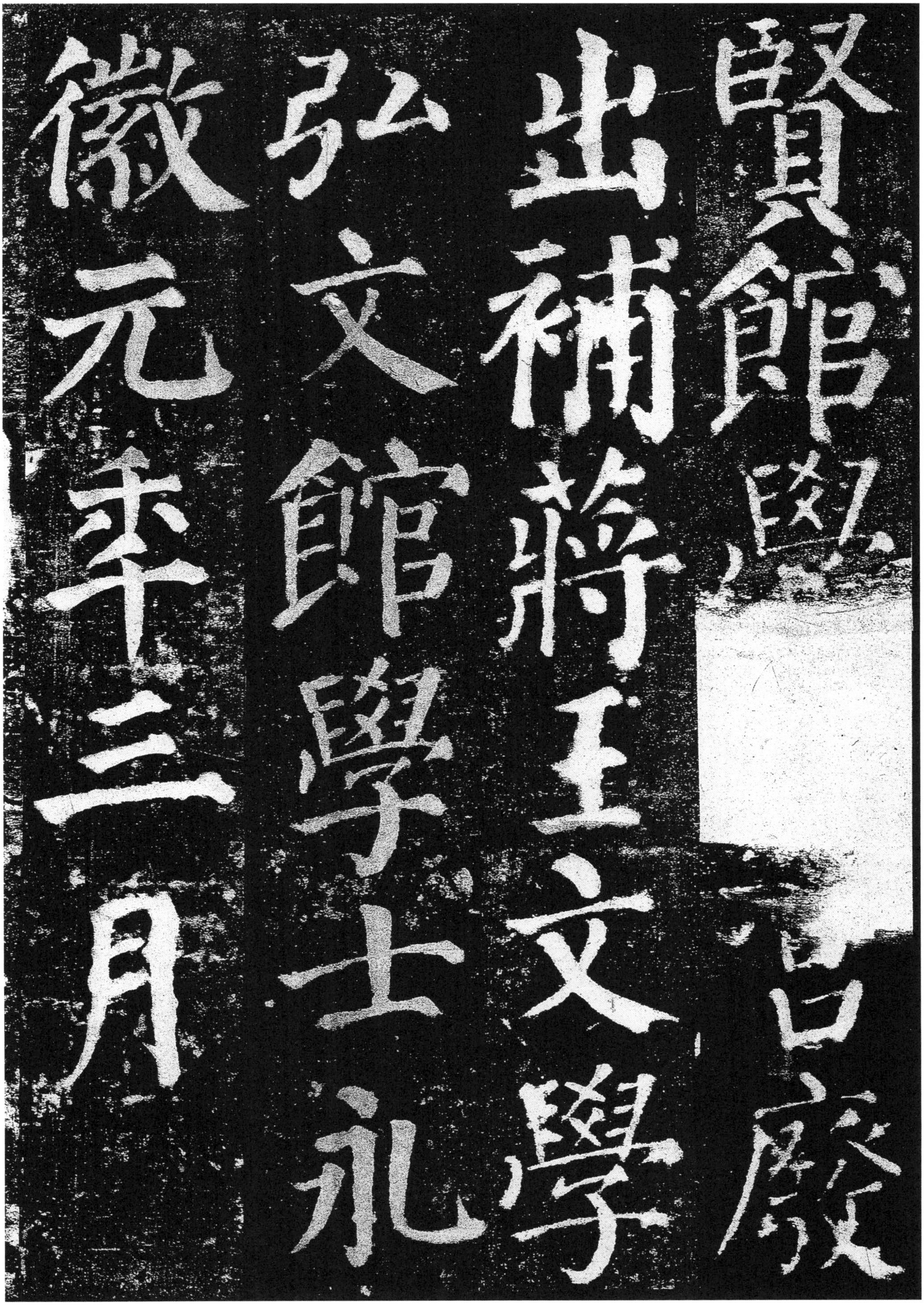

贤馆学（十）宫废　出补蒋王文学　弘文馆学士永　徽元年三月

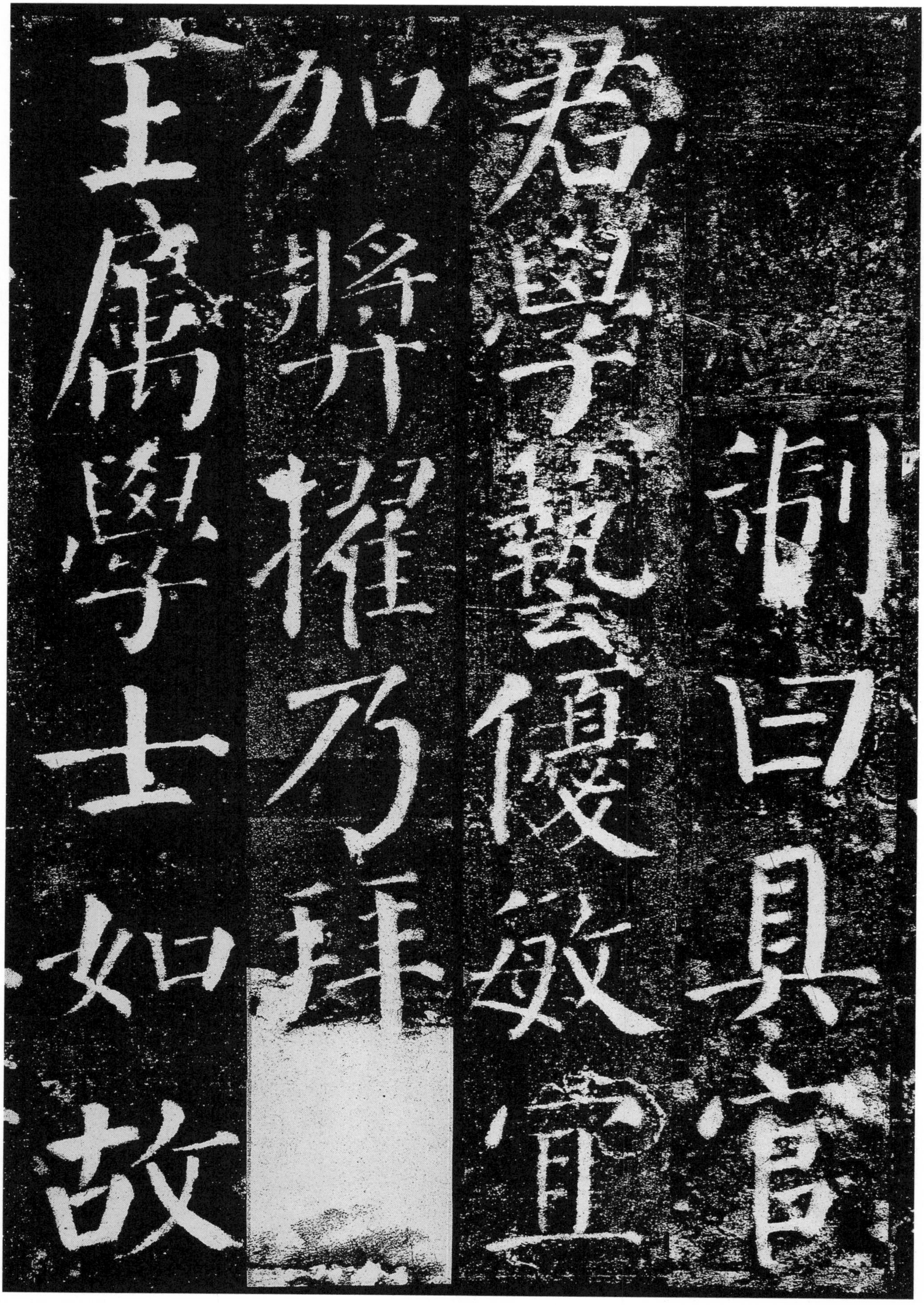

制曰具官　君学艺优敏宜　加奖擢乃拜（陈）　王属学士如故

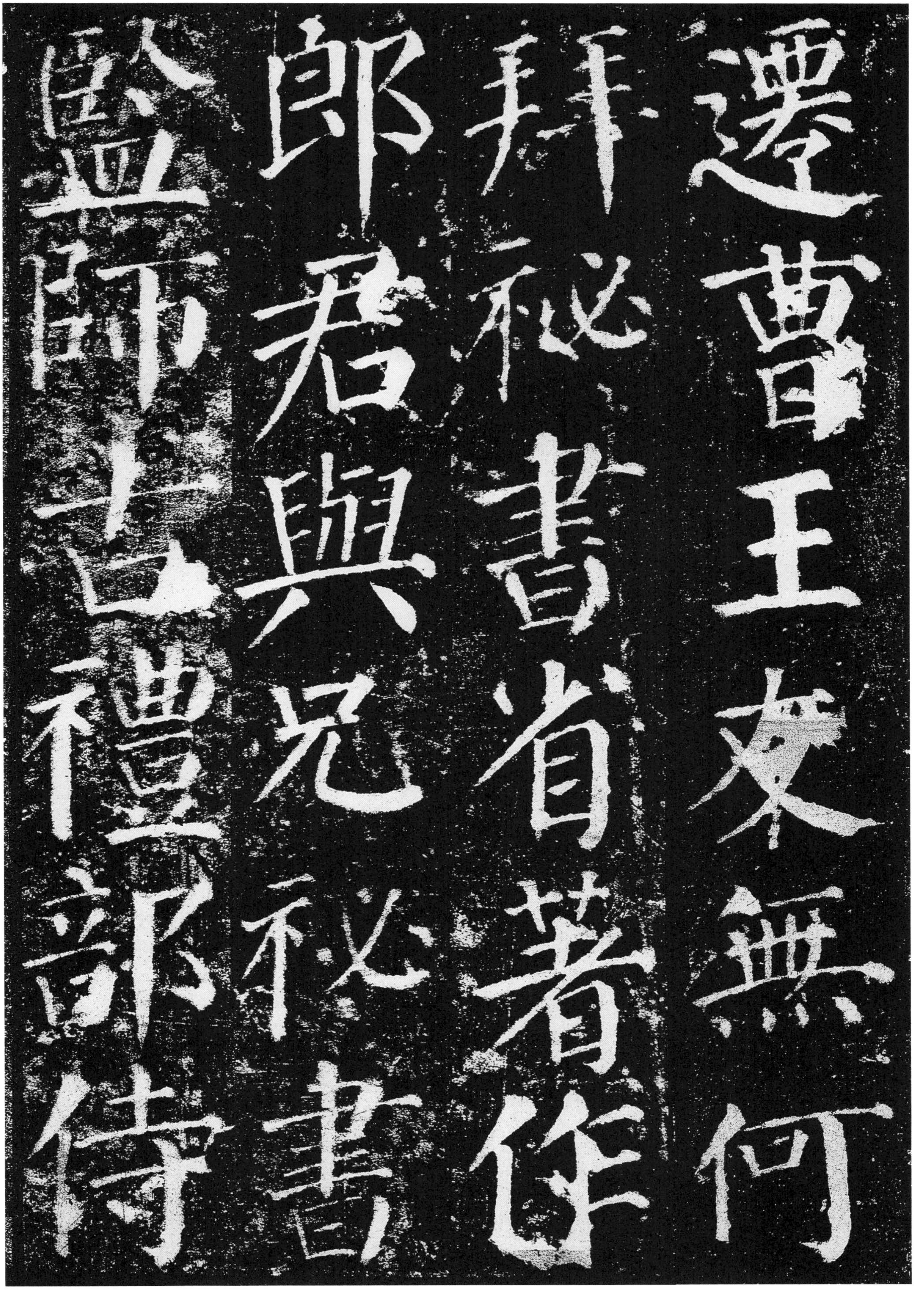
遷曹王友無何
拜秘書省著作
郎君與兄秘書
監師古禮部侍

迁曹王友无何　拜秘书省著作　郎君与兄秘书　监师古礼部侍

郎相时齐名监 （与君）同时为崇 贤弘文馆学士 礼部为天册府

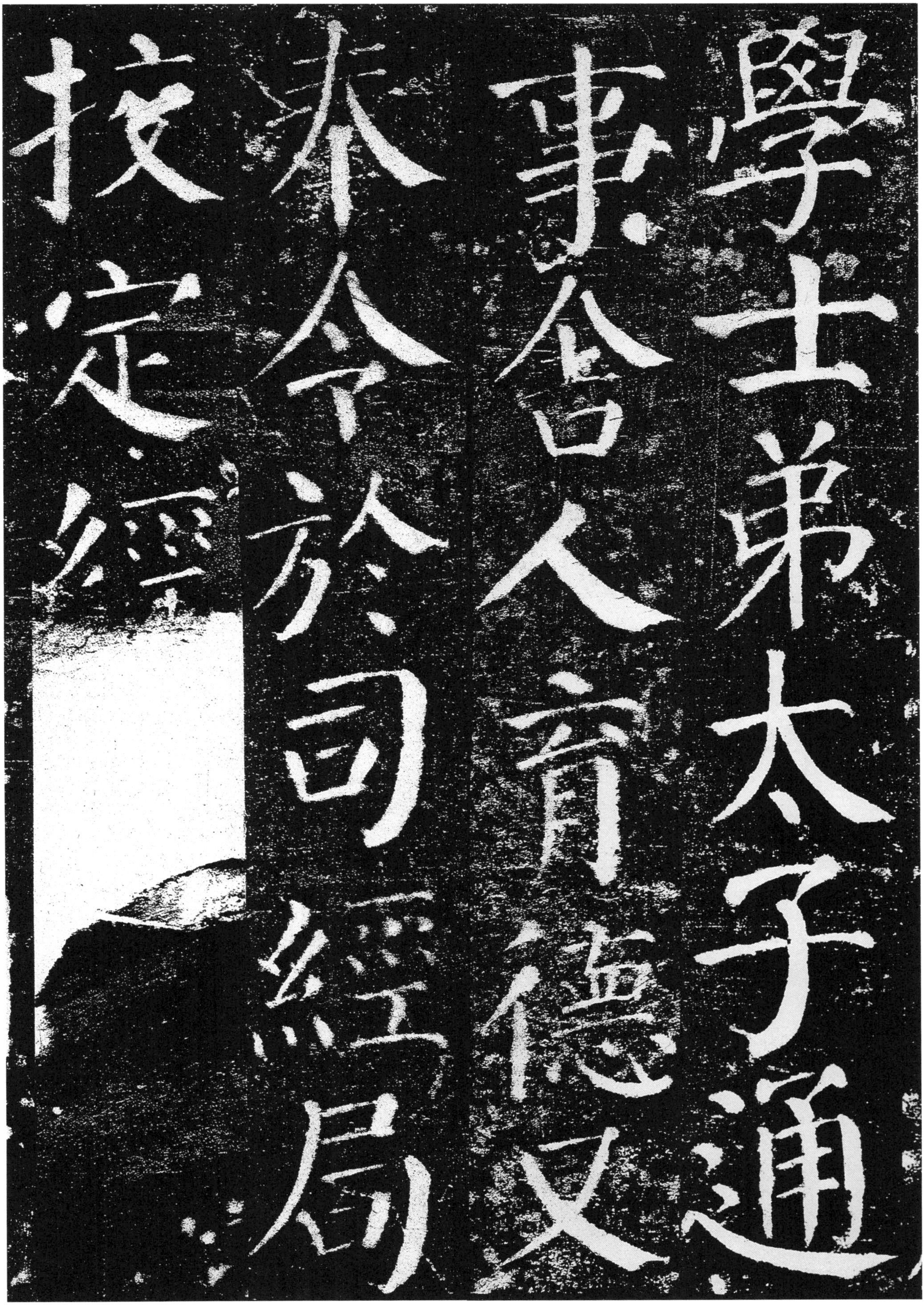
學士弟太子通
事舍人育德又
奉令於司經局
校定經

学士弟太子通　事舍人育德又　奉令于司经局　校定经（史）

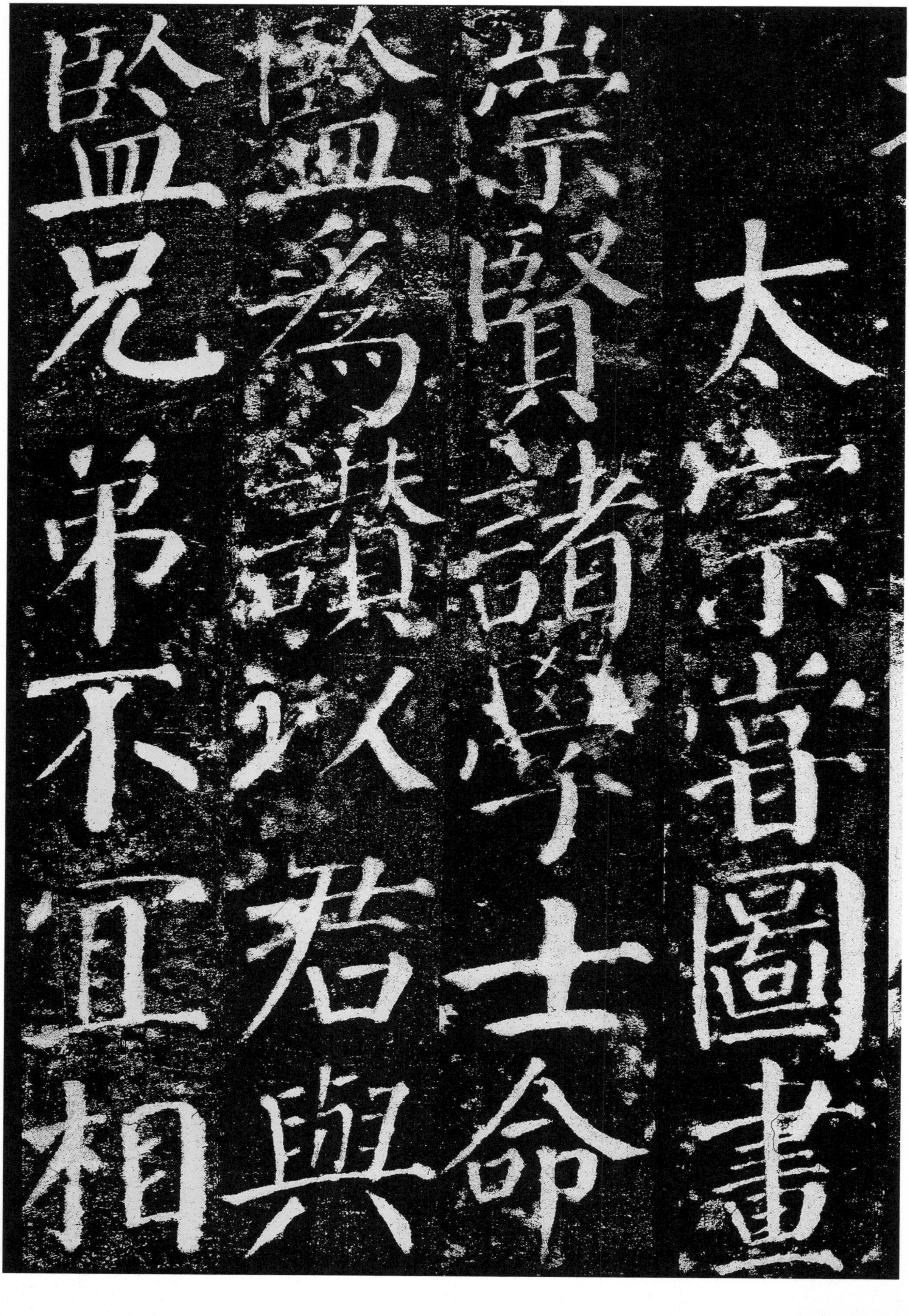

太宗尝图画　崇贤诸学士命　监为赞以君与　监兄弟不宜相

褒述乃命中書
舍人蕭鈞特
曰依仁服義
懷文守一履道

褒述乃命中书　舍人萧钧特（赞　君）曰依仁服义　怀文守一履道

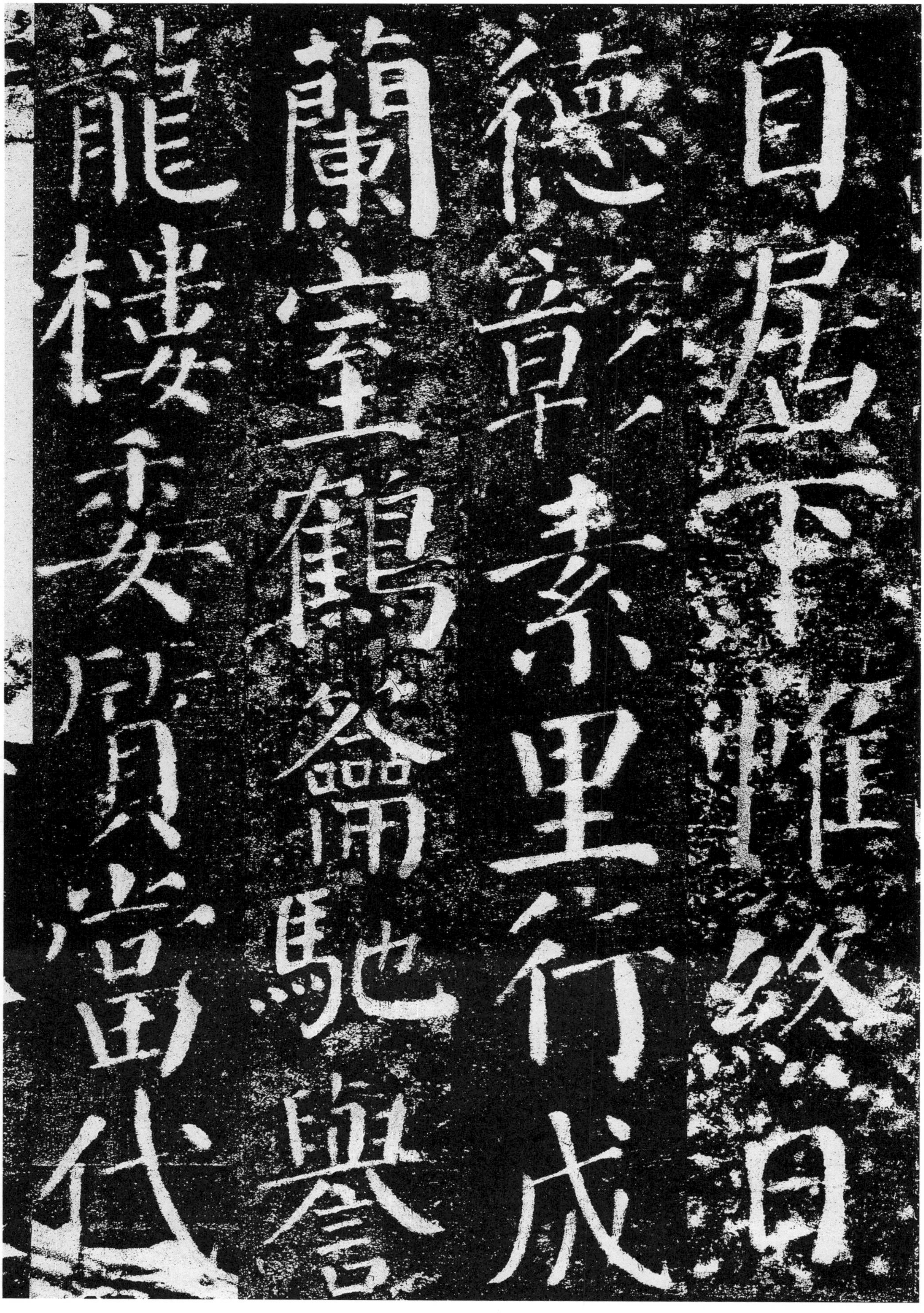

自居下帷终日　德彰素里行成　兰室鹤籥驰誉　龙楼委质当代

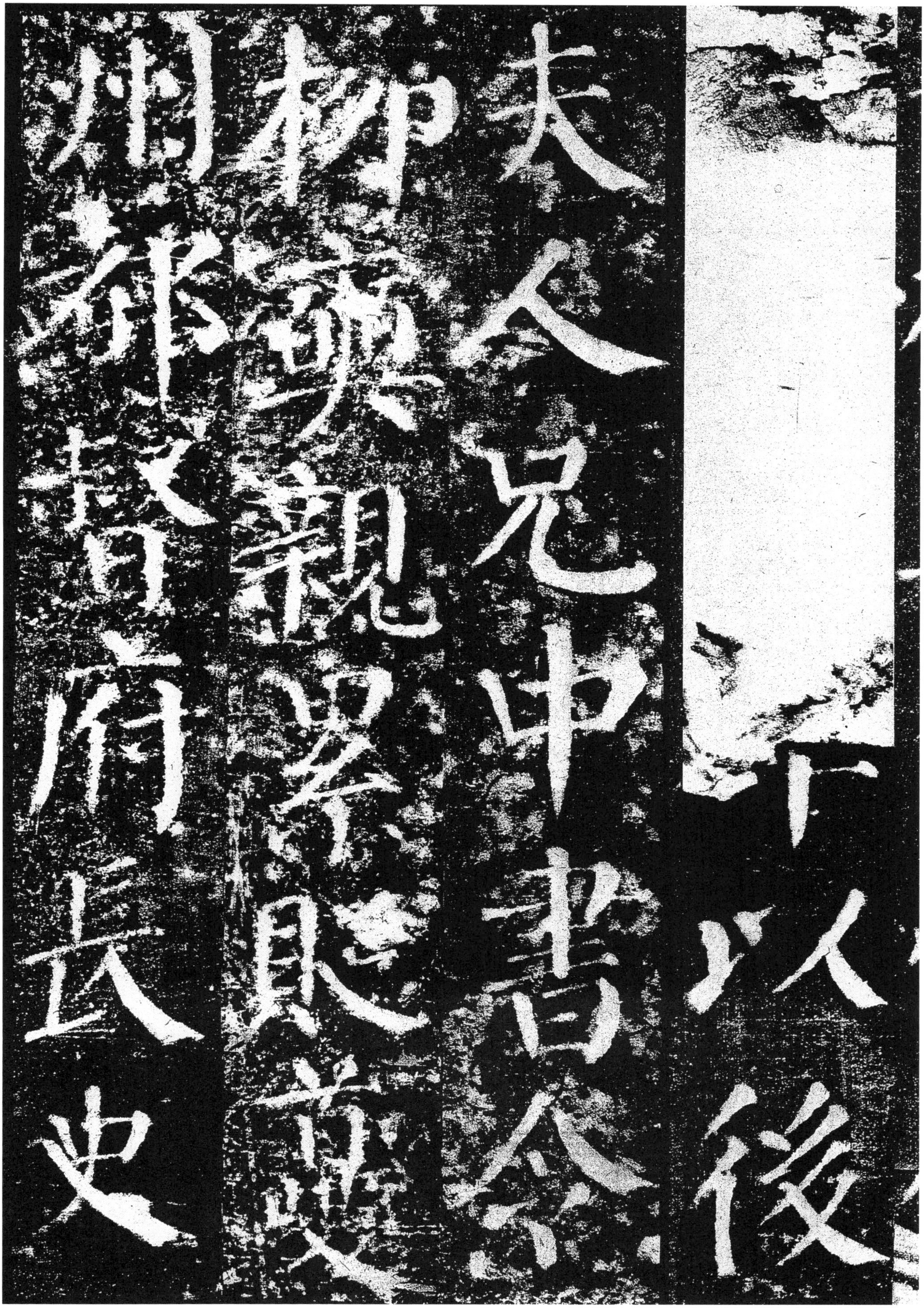

（荣之六年）以后　夫人兄中书令　柳奭亲累贬夔　州都督府长史

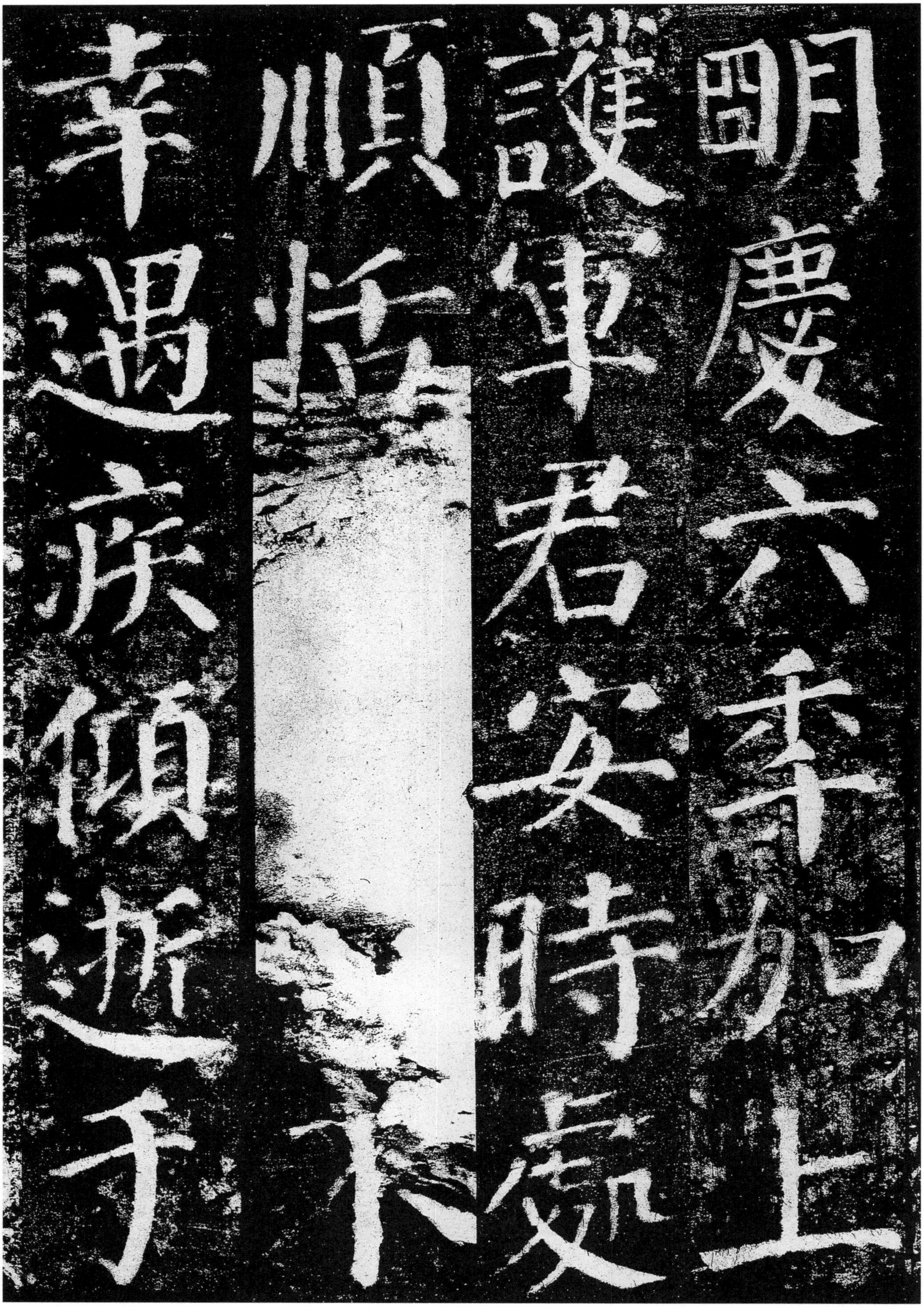

明庆六年加上　护军君安时处　顺恬（无愠色）不　幸遇疾倾逝于

府之官舍既而　旋窆于京城东　南万年县宁安　乡之凤栖原先

夫人陈郡（殷氏）　臮柳夫人同合　祔焉礼也七子　昭甫晋王曹王

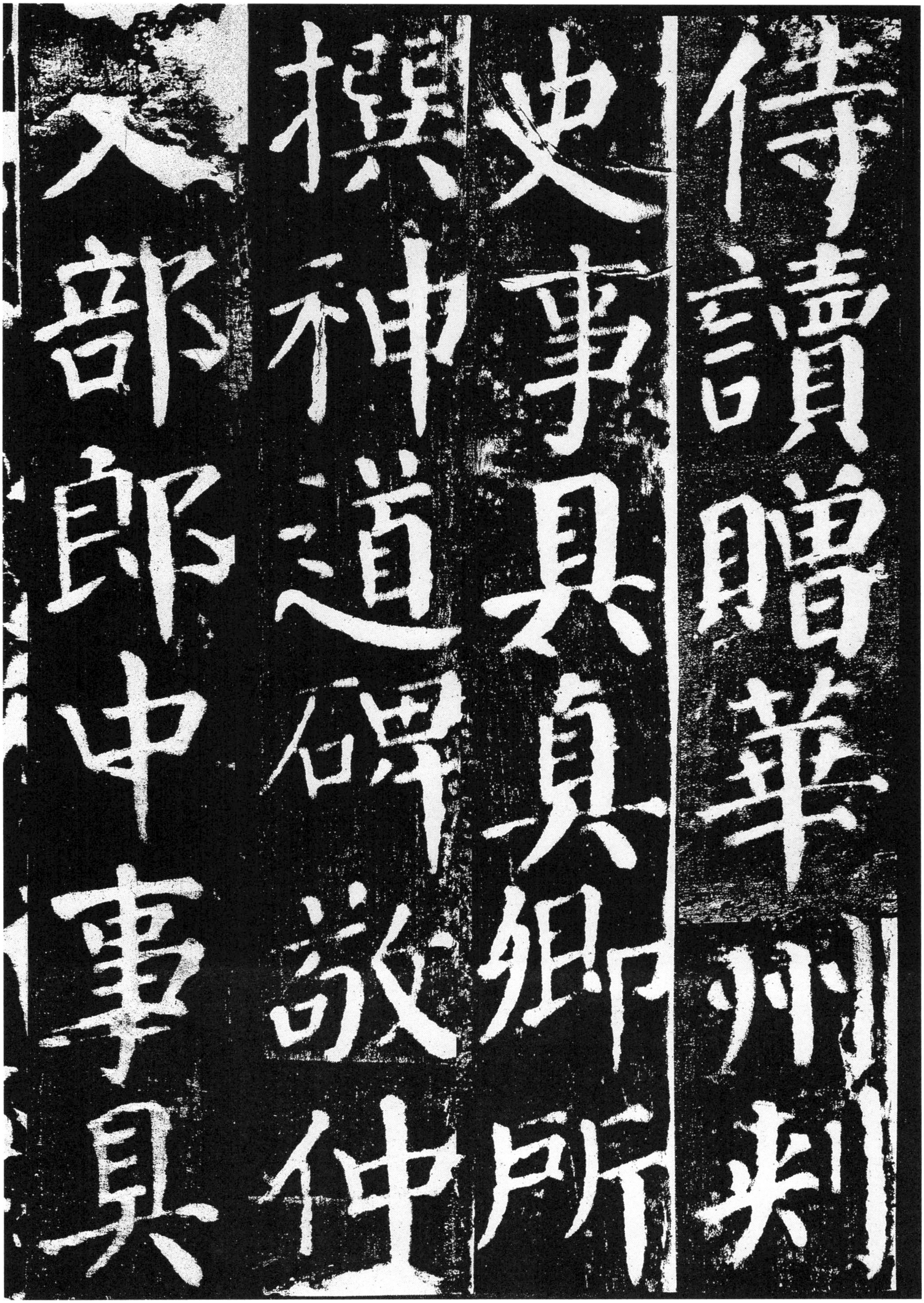
侍讀贈華州刺
史事具真卿所
撰神道碑敬仲
又部郎中事具

侍读赠华州刺 史事具真卿所 撰神道碑敬仲 （吏）部郎中事具

劉子玄神道碑
殆庶無恤辟非
少連務滋皆著
學行以柳令外

刘子玄神道碑　殆庶无恤辟非　少连务滋皆著　学行以柳令外

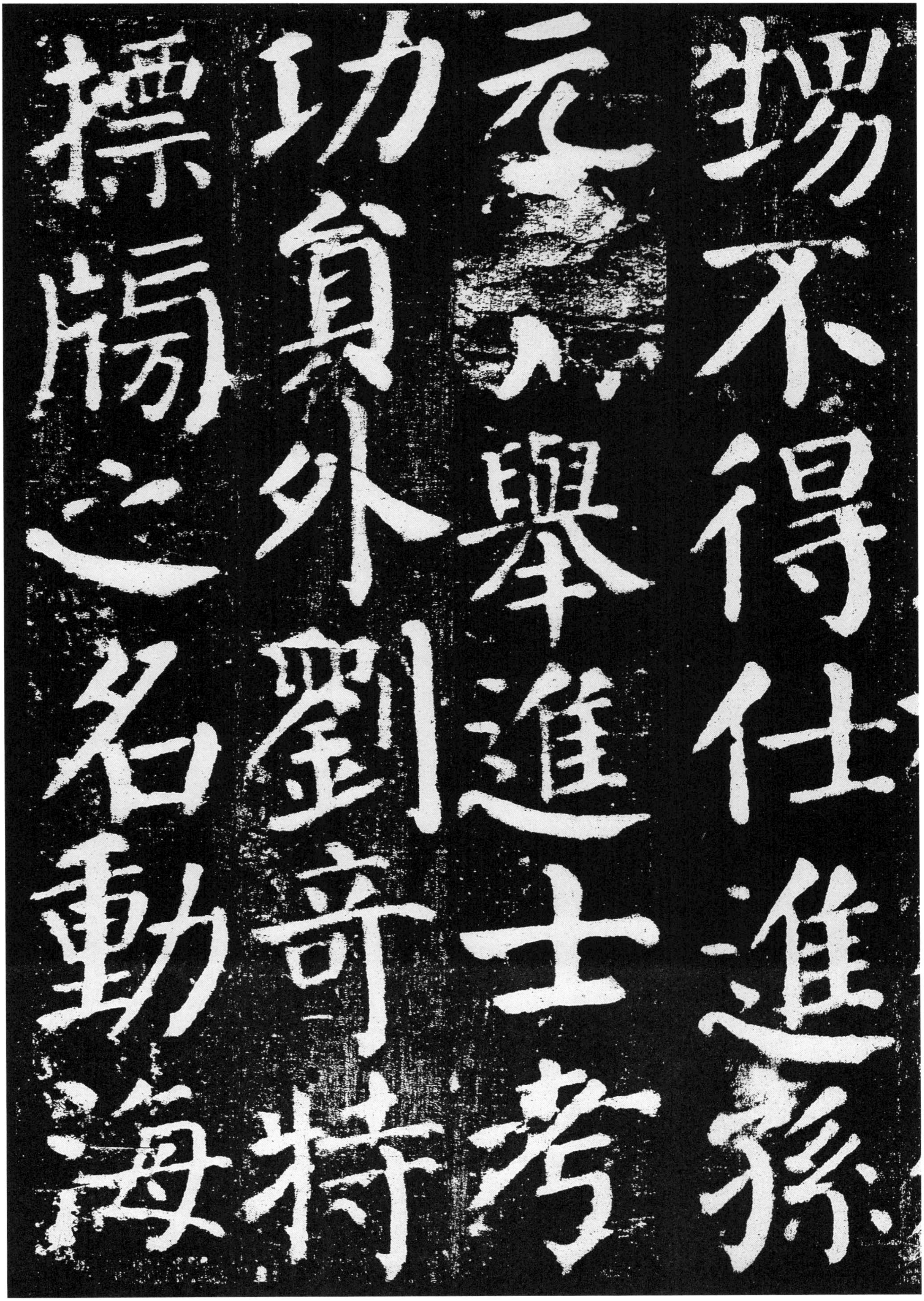
甥不得仕進孫
元舉進士考
功員外劉奇特
標牓之名動海

甥不得仕进孙　元（孙）举进士考　功员外刘奇特　标牓之名动海

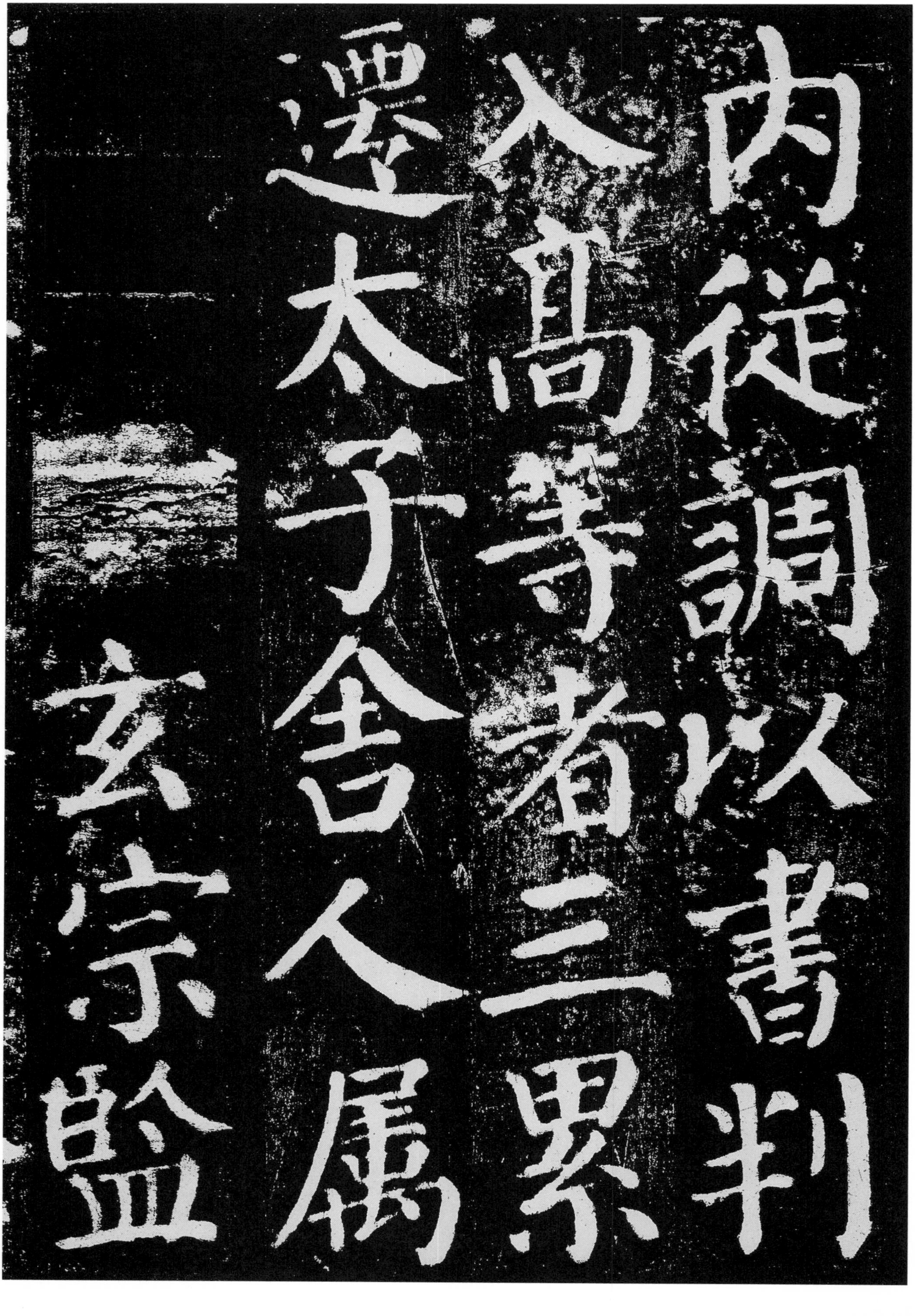

内从调以书判　入高等者三累　迁太子舍人属　玄宗监

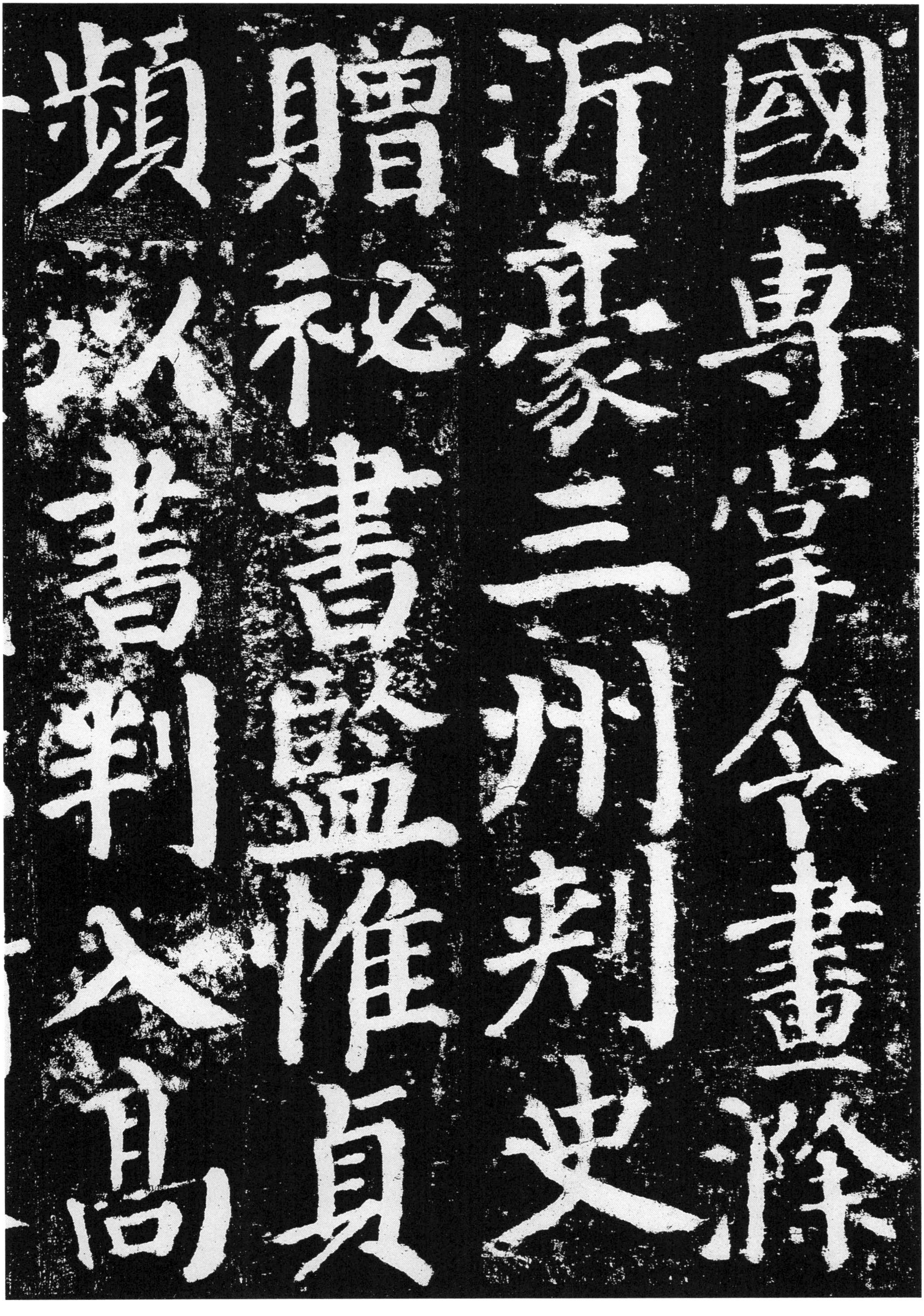
國專掌令畫滁
沂豪三州刺史
贈秘書監惟貞
頻以書判入高

国专掌令画滁　沂豪三州刺史　赠秘书监惟贞　频以书判入高

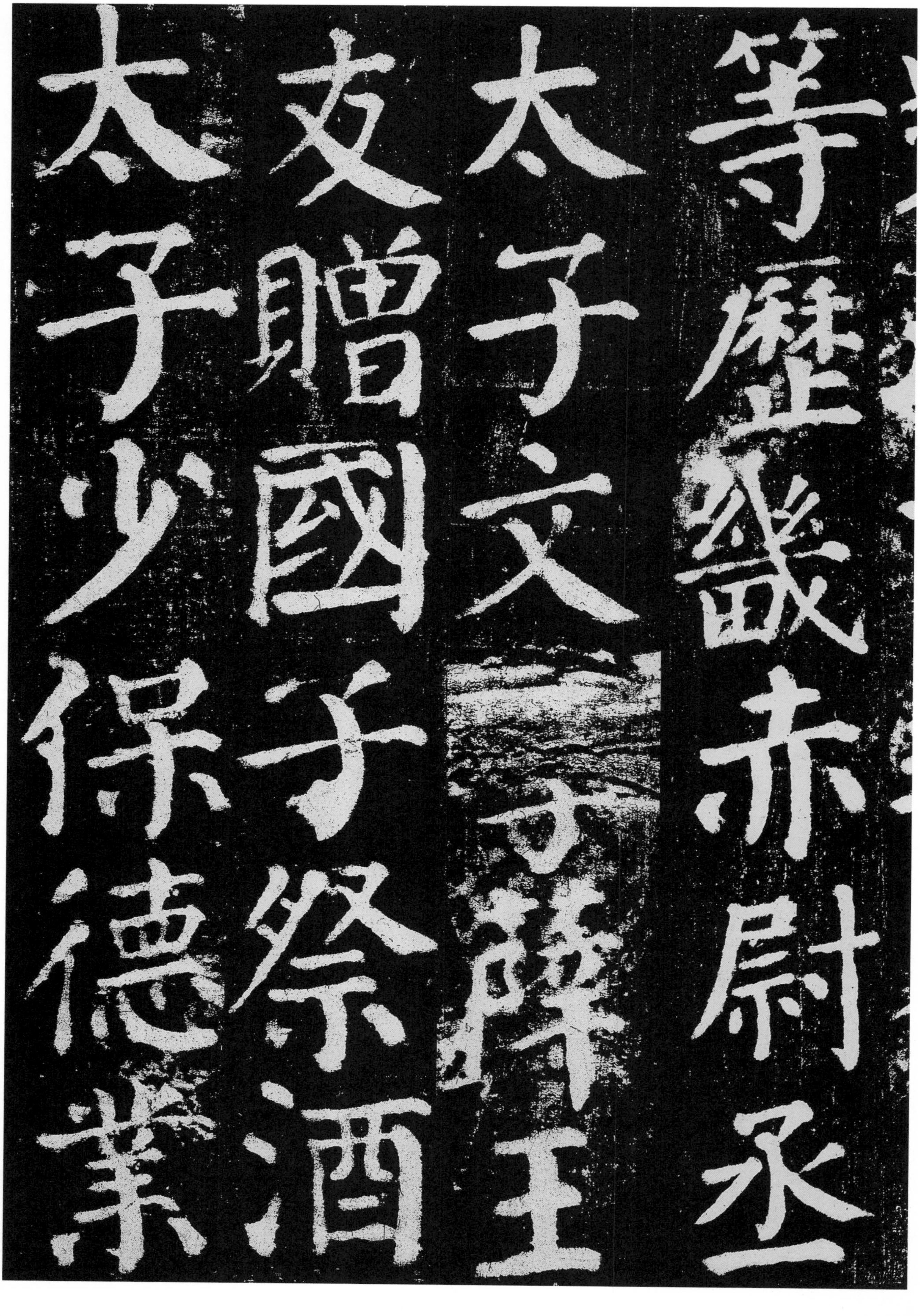

等历畿赤尉丞　太子文（学）薛王　友赠国子祭酒　太子少保德业

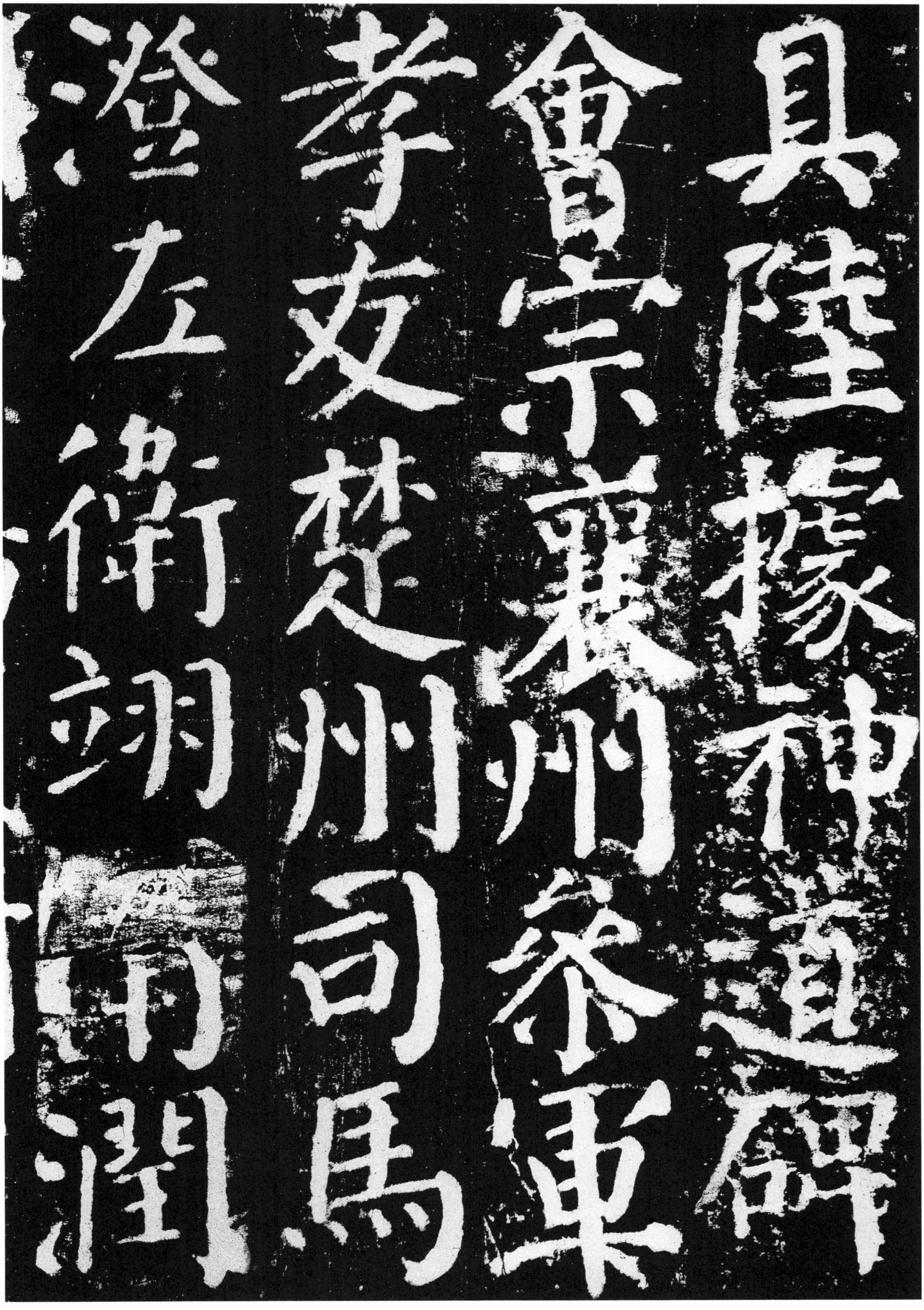
具陸據神道碑
會宗襄州參軍
孝友楚州司馬
澄左衛翊潤

具陆据神道碑　会宗襄州参军　孝友楚州司马　澄左卫翊（卫）润

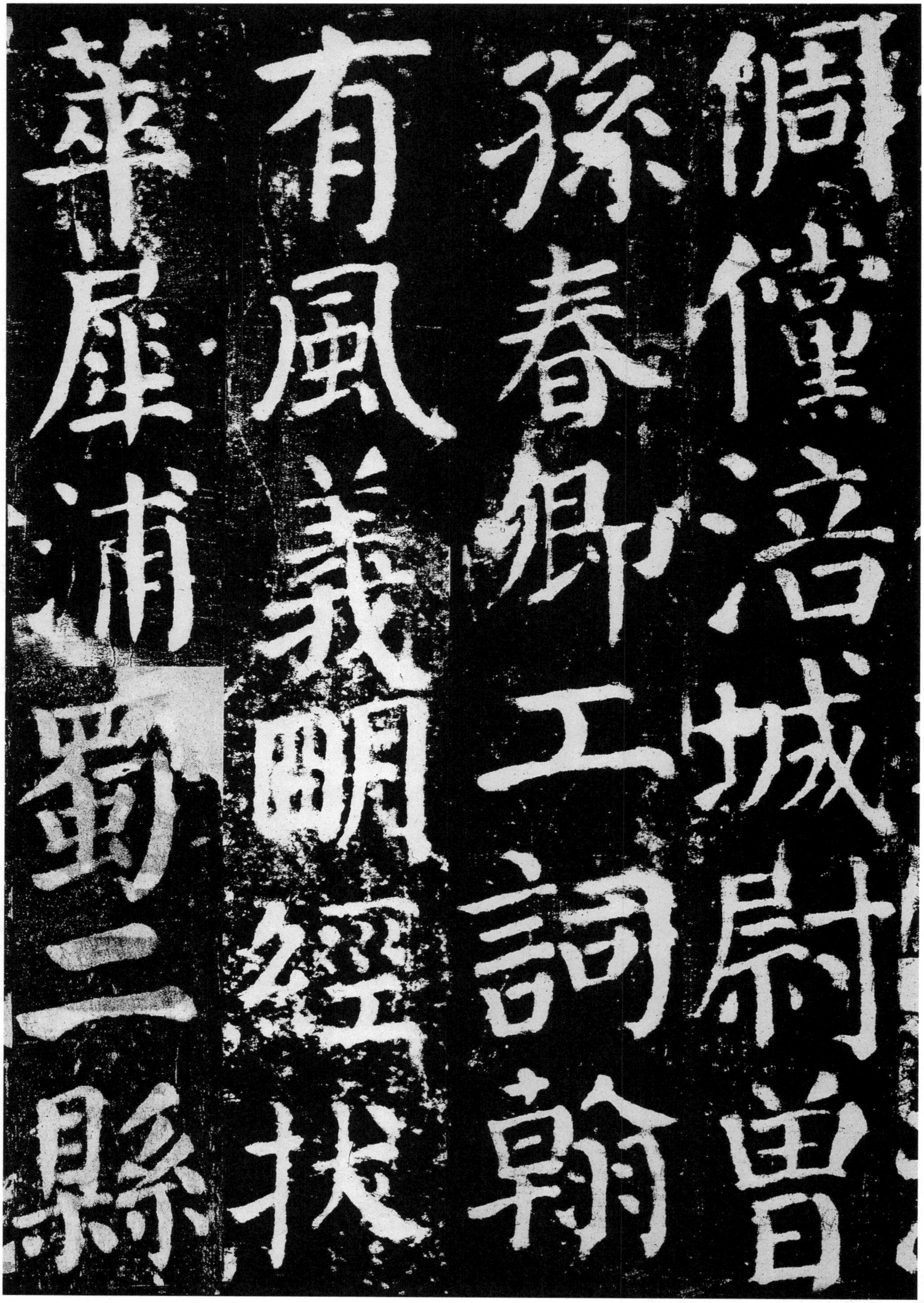
倜儻涪城尉曾
孫春卿工詞翰
有風義明經拔
萃犀浦蜀二縣

倜傥涪城尉曾　孙春卿工词翰　有风义明经拔　萃犀浦蜀二县

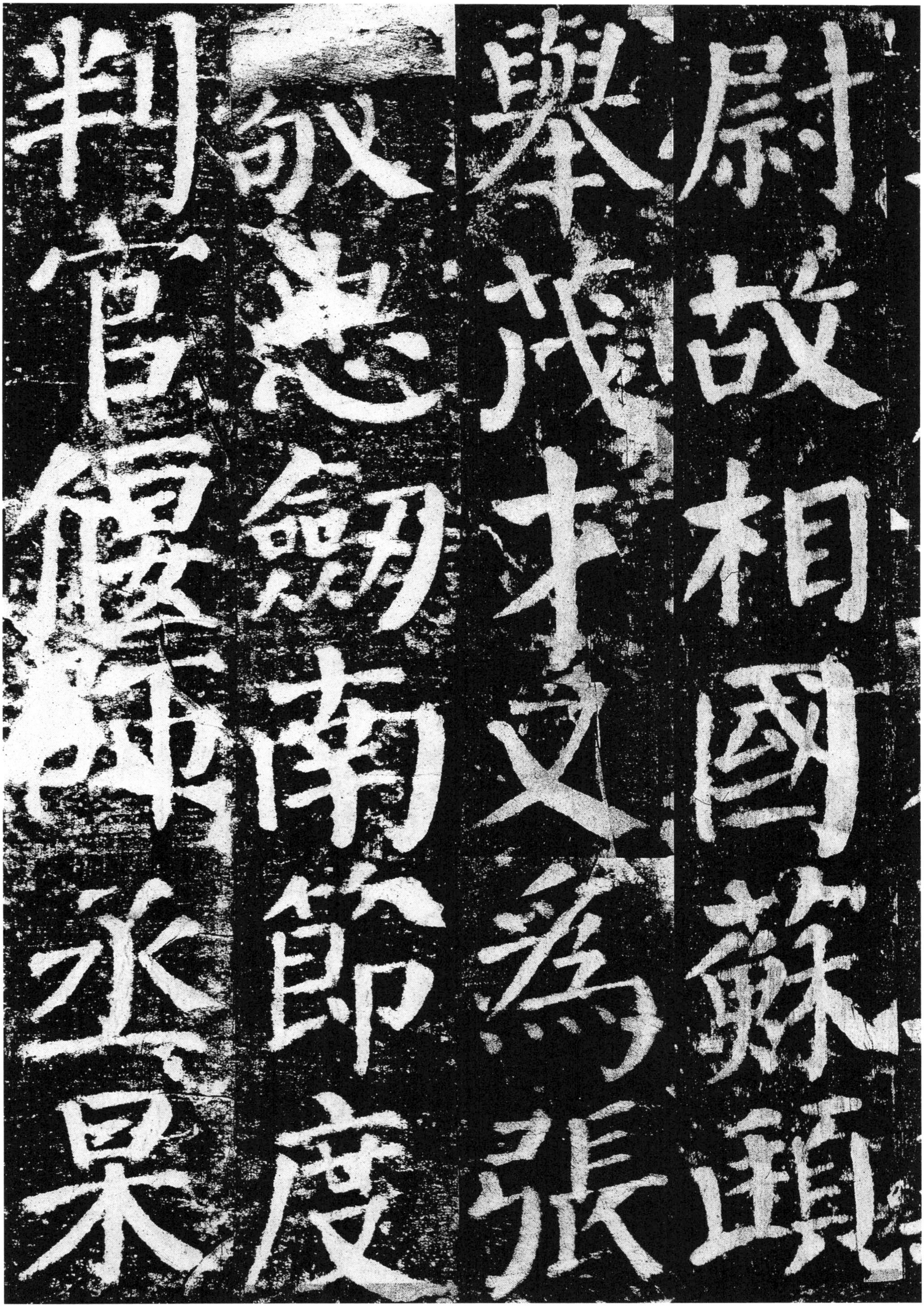
尉故相國蘇頲
舉茂才又爲張
敬忠劍南節度
判官偃師丞杲

尉故相国苏颋　举茂才又为张　敬忠剑南节度　判官偃师丞杲

卿忠烈有清識
吏幹累遷太常
丞攝常山太守
殺逆賊安祿山

卿忠烈有清识　吏干累迁太常　丞摄常山太守　杀逆贼安禄山

将李钦凑开土　门擒其心手何　千年高邈迁卫　尉卿兼御史中

丞城守陷贼东 京遇害楚毒参 下詈言不绝赠 太子太保谥曰

忠曜卿工詩善
草隸十六以詞
學直崇文館淄
川司馬旭卿善

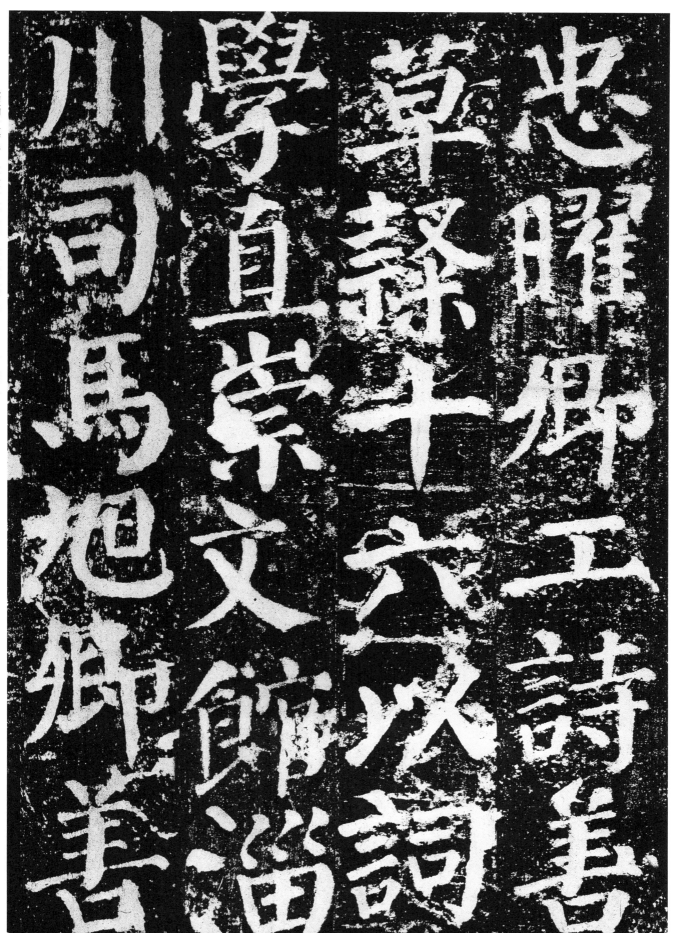

忠曜卿工诗善　草隶十六以词　学直崇文馆淄　川司马旭卿善

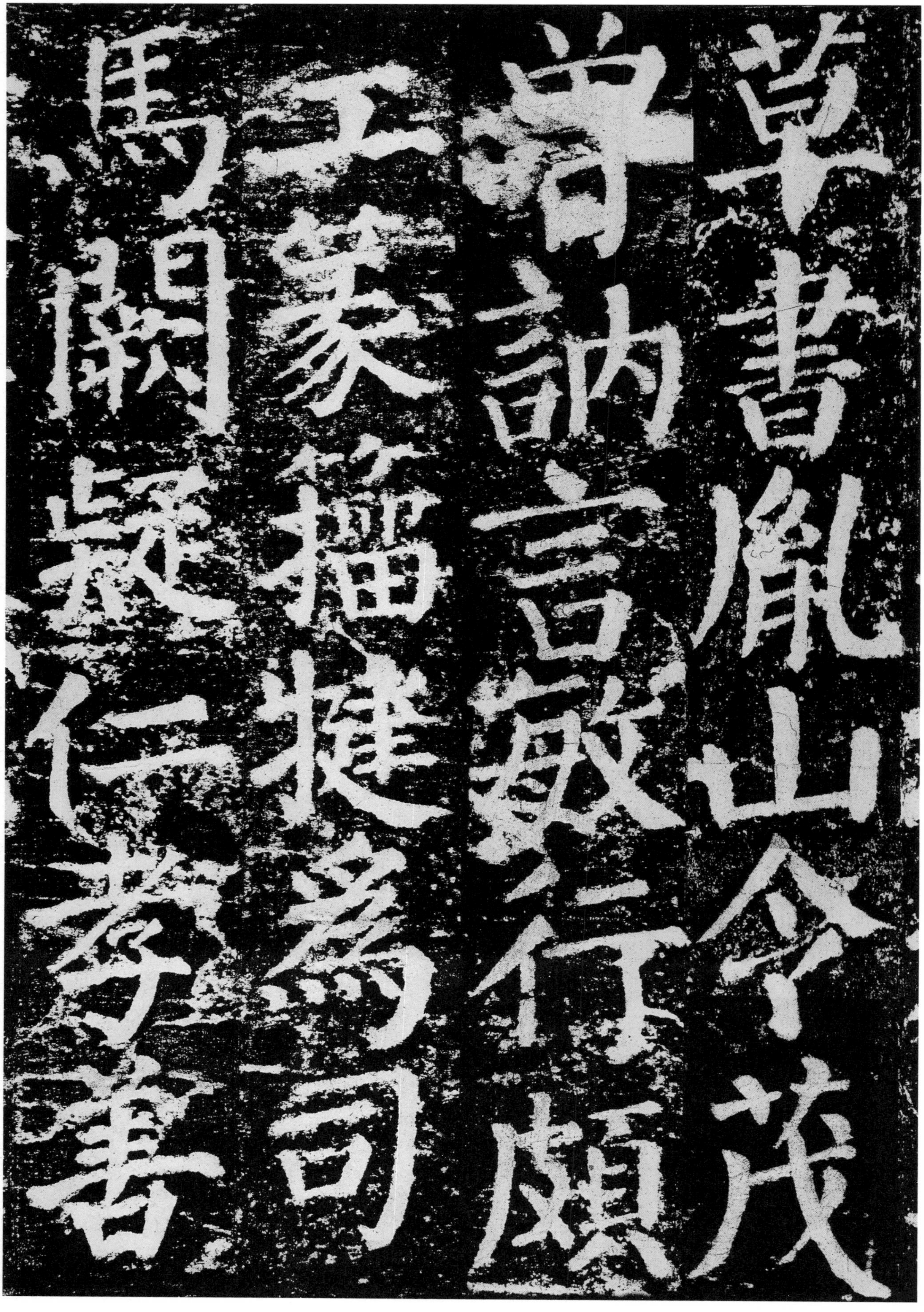

草书胤山令茂　曾讷言敏行颇　工篆籀犍为司　马阙疑仁孝善

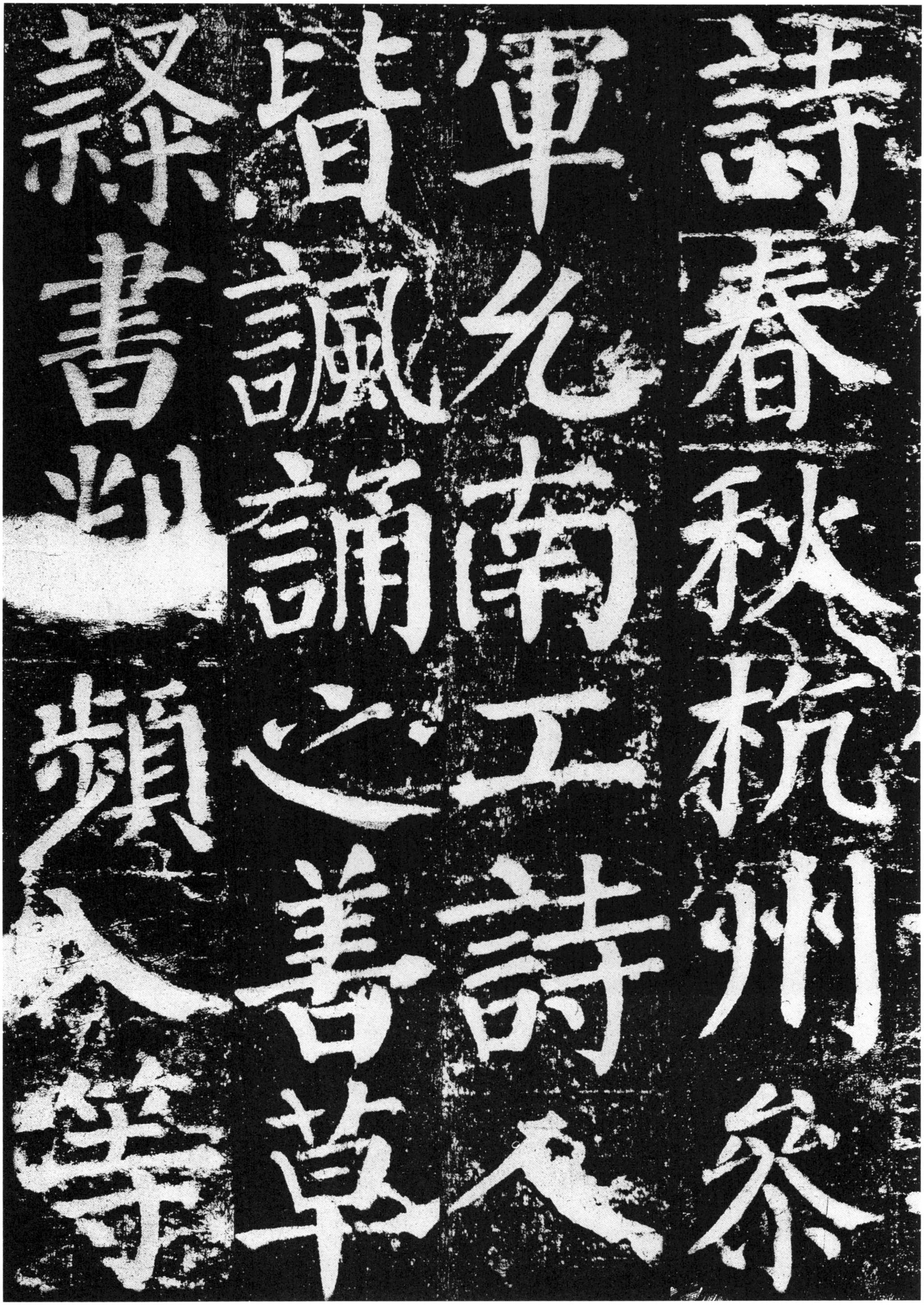
詩春秋杭州參
軍允南工詩人
皆諷誦之善草
隸書判頻入等

诗春秋杭州参　军允南工诗人　皆讽诵之善草　隶书判频入等

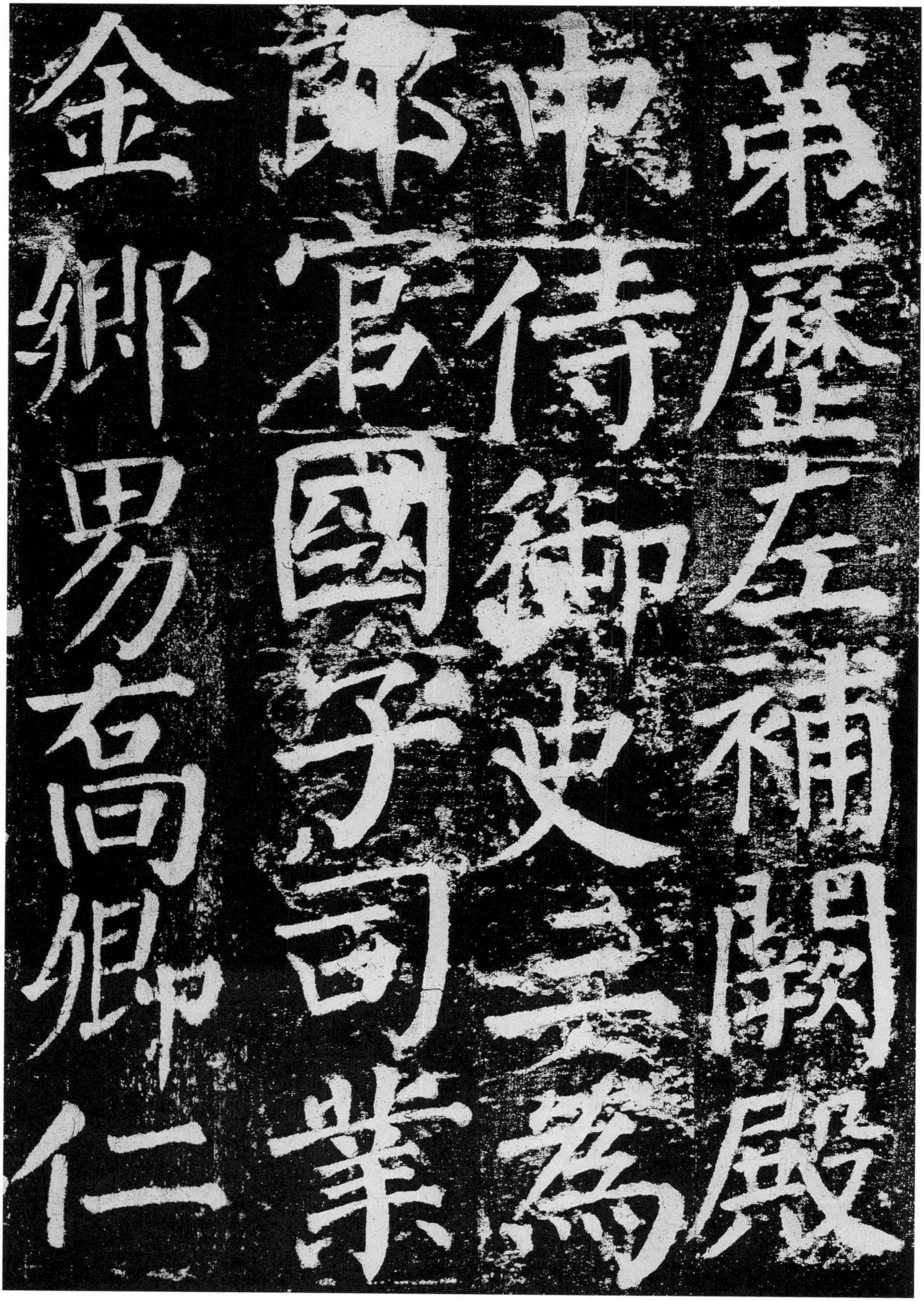

第历左补阙殿　中侍御史三为　郎官国子司业　金乡男乔卿仁

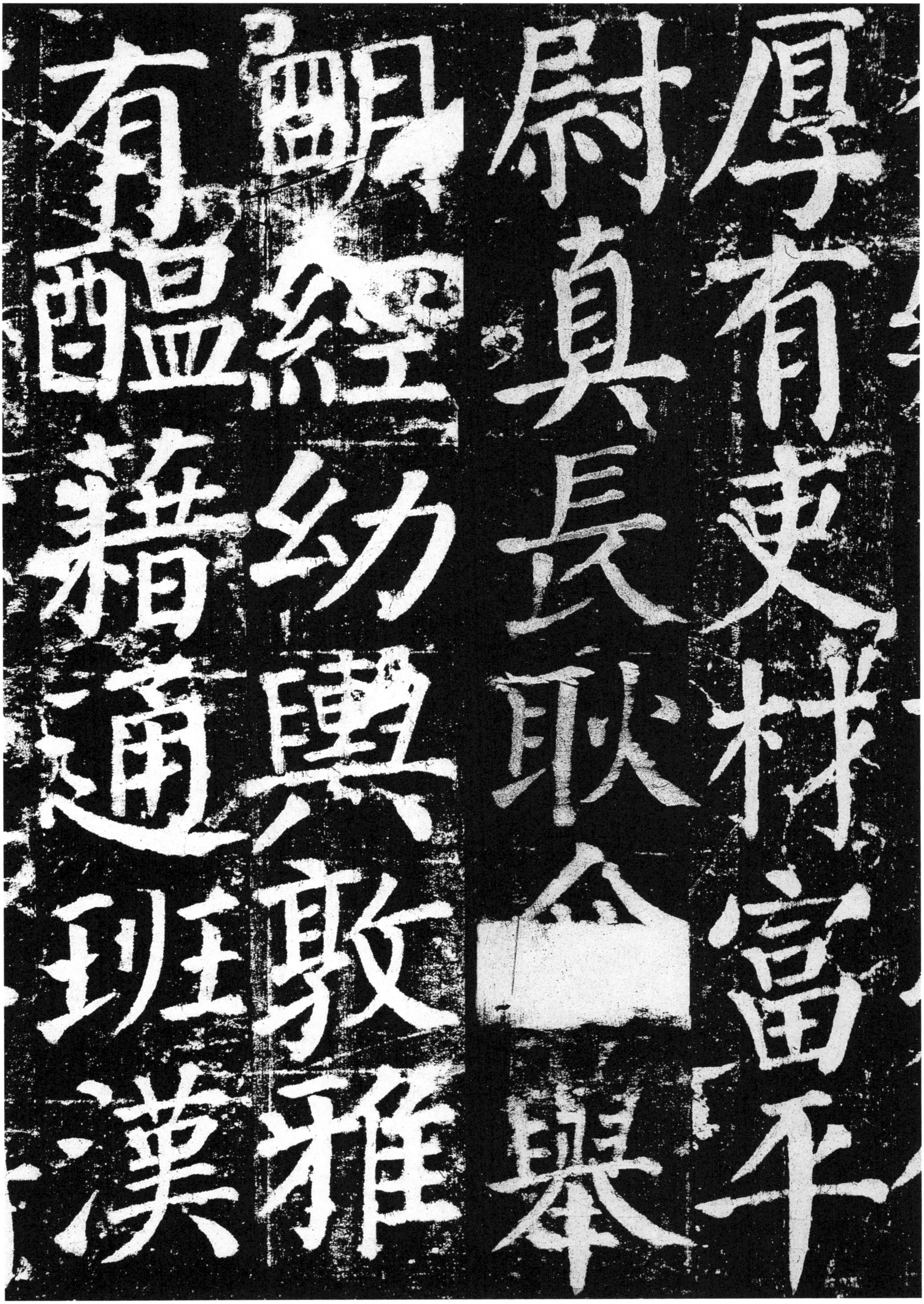

厚有吏材富平　尉真长耿介举　明经幼舆敦雅　有醖藉通班汉

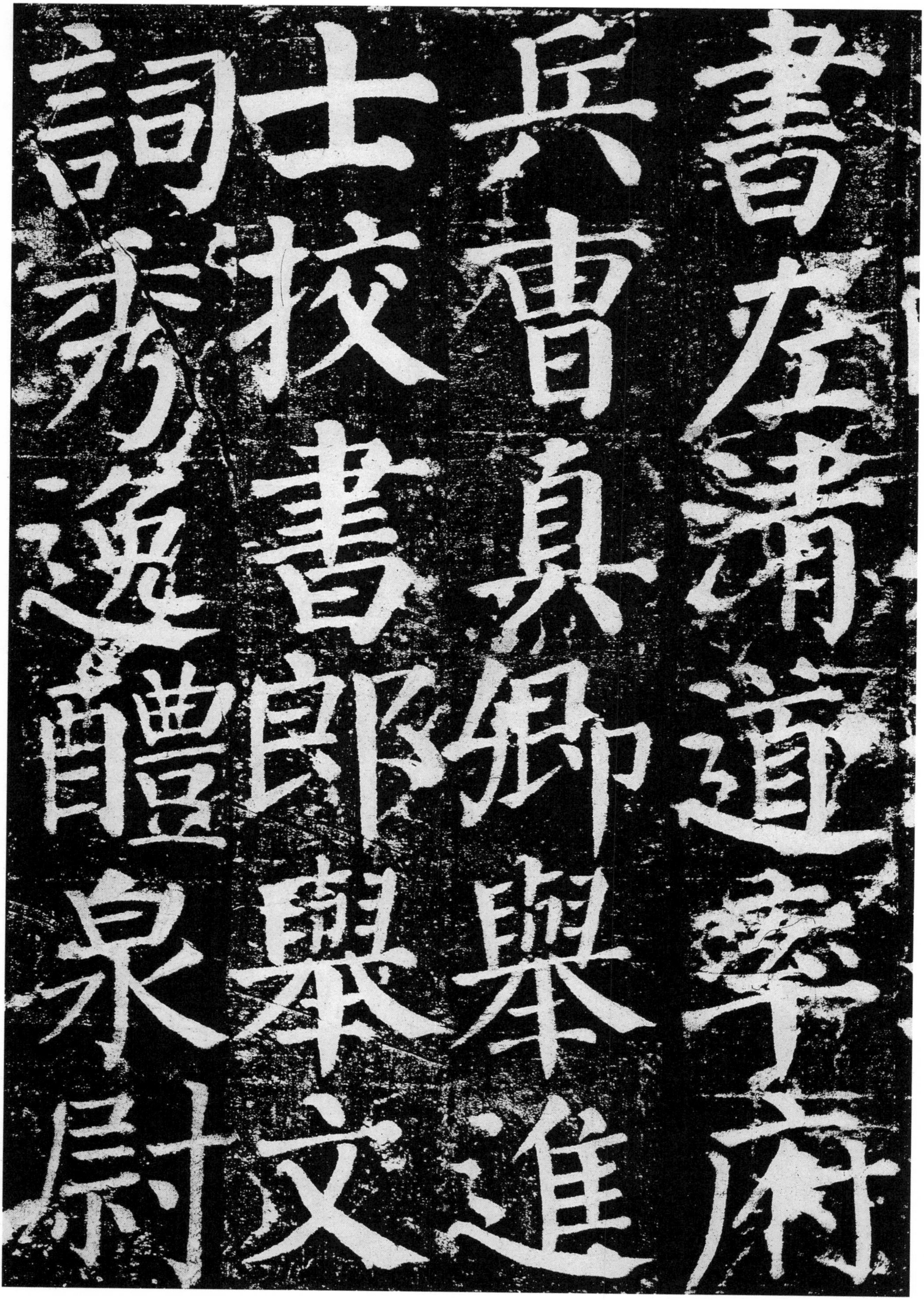

书左清道率府　兵曹真卿举进　士校书郎举文　词秀逸醴泉尉

（黜）陟使王鉷以　清白名闻七为　宪官九为省官　荐为节度采访

觀察使魯郡公
允臧敦實有吏
能舉令宰延
昌四為御史充

观察使鲁郡公　允臧敦实有吏　能举（县）令宰延　昌四为御史充

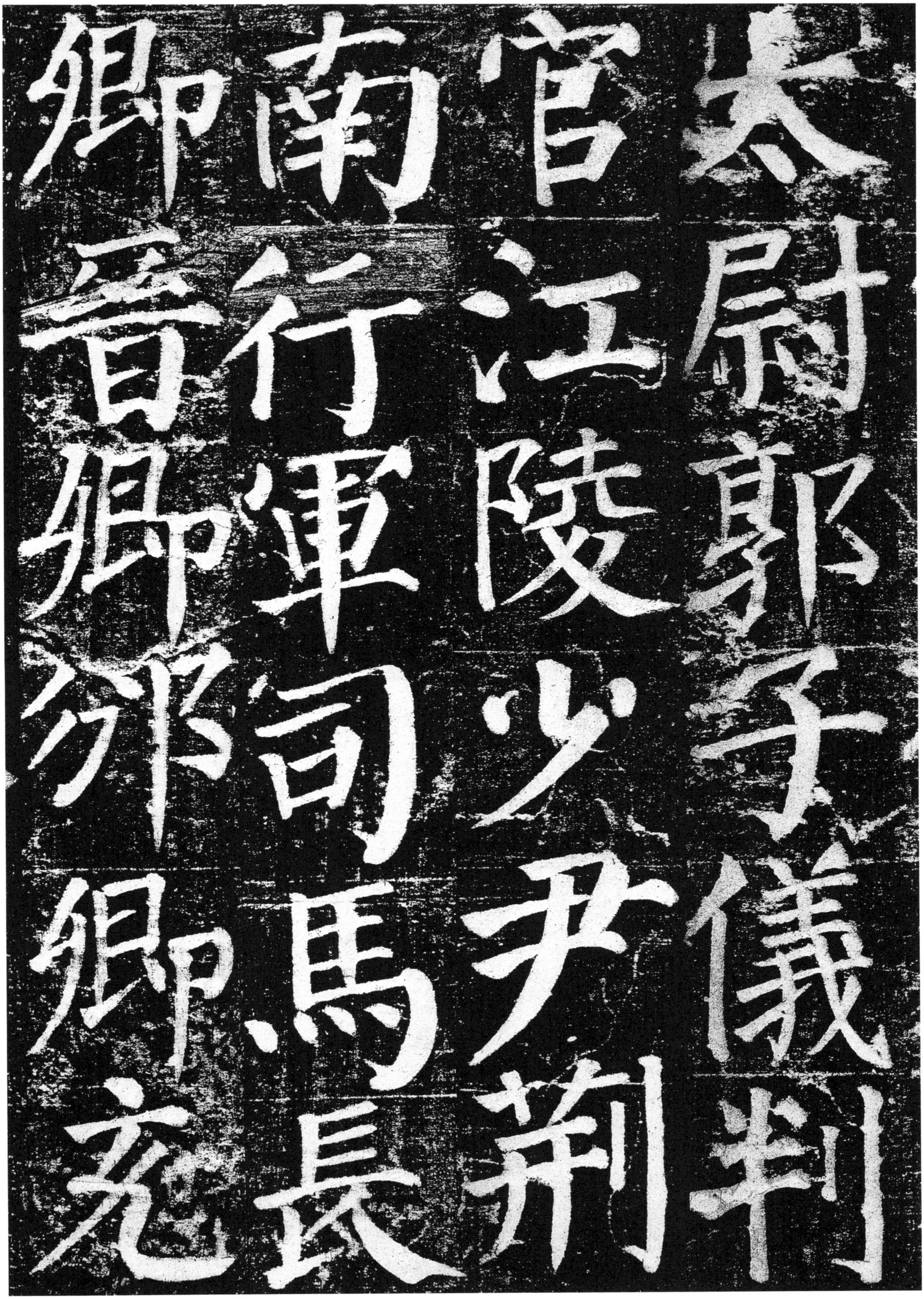

太尉郭子仪判　官江陵少尹荆　南行军司马长　卿晋卿邠卿充

国质多无（禄）早　世名卿倜佶傚　伦并为武官玄　孙纮通义尉没

于蛮泉明孝义　有吏道父开土　门佐其谋彭州　司马威明邛州

司馬季明子幹
沛詡頗泉明男
誕及君外曾孫
沈盈盧逖並爲

司马季明子幹　沛诩颇泉明男　诞及君外曾孙　沈盈卢逖并为

逆贼所害俱蒙　赠五品京官濬　好属文翘华正　颋并早夭颎好

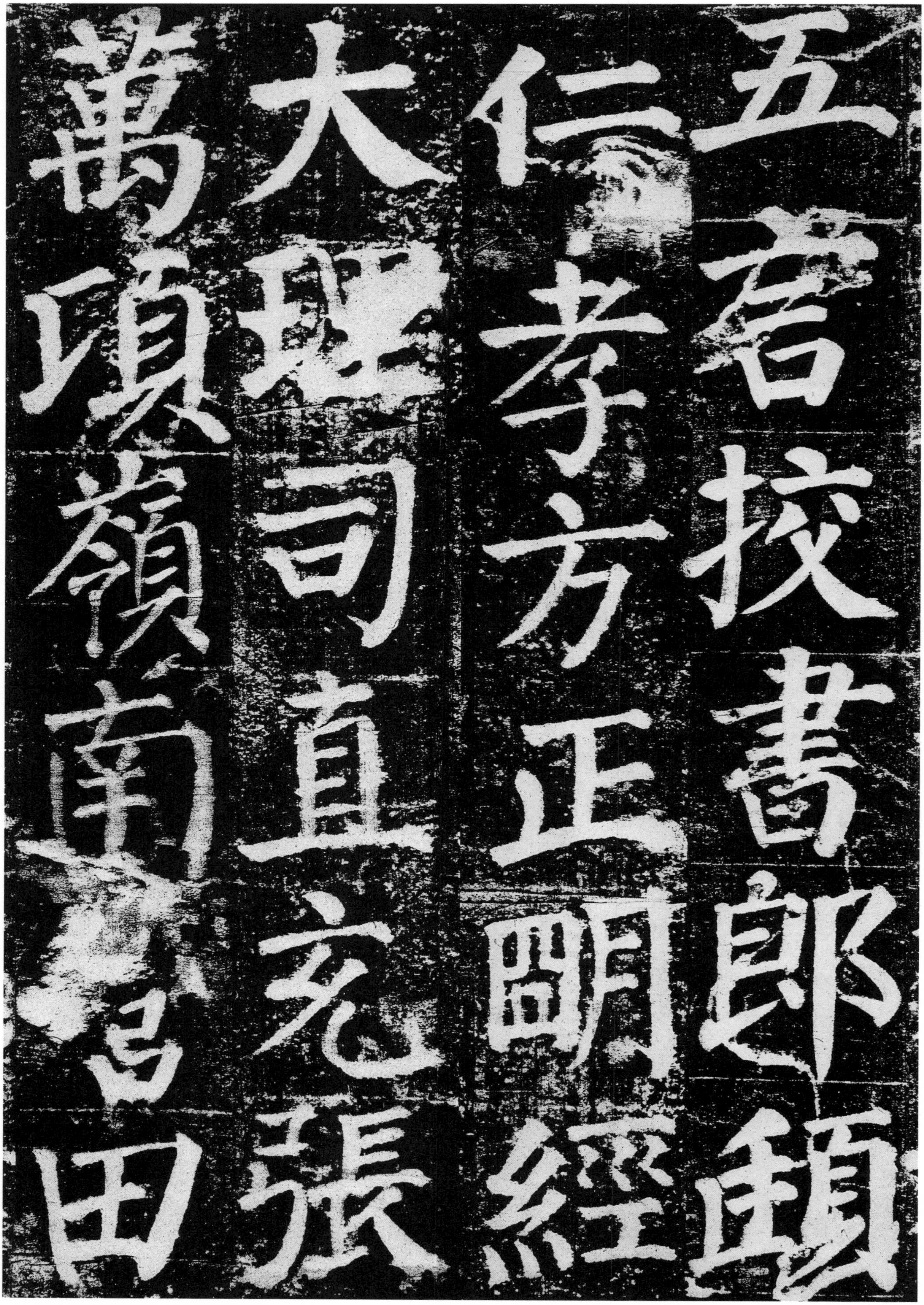

五言校书郎颋　仁孝方正明经　大理司直充张　万顷岭南（营）田

判官　5顗凤翔参　军频通悟颇善　隶书太子洗马　郑王府司马并

不幸短命通明　好属文项城尉　翊温江丞觌绵　州参军靓盐亭

尉显仁和有政　理蓬州长史慈　明仁顺干蛊都　水使者颖介直

河南府法曹頔　奉礼郎颀江陵　参军頵当阳主　簿颂河中参军

頂衛尉主簿頩

左千牛頤頩並

京兆參軍頩須

頩並童稚未仕

顶卫尉主簿原　左千牛颐頩并　京兆参军頩须　頩并童稚未仕

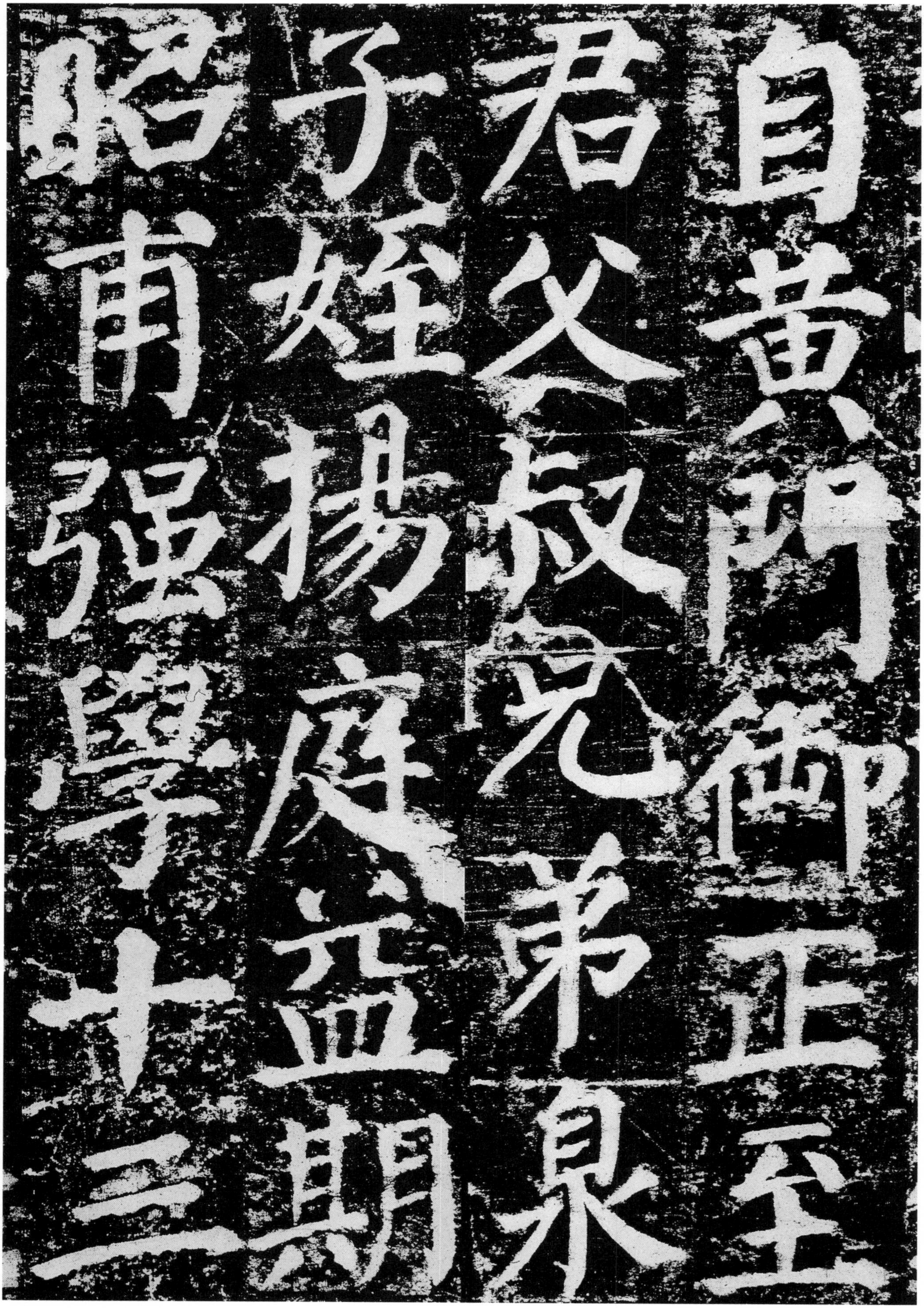

自黄门御正至　君父叔兄弟臬　子侄扬庭益期　昭甫强学十三

人四世为学士　侍读事见柳芳　续卓绝殷寅著　姓略小监少保

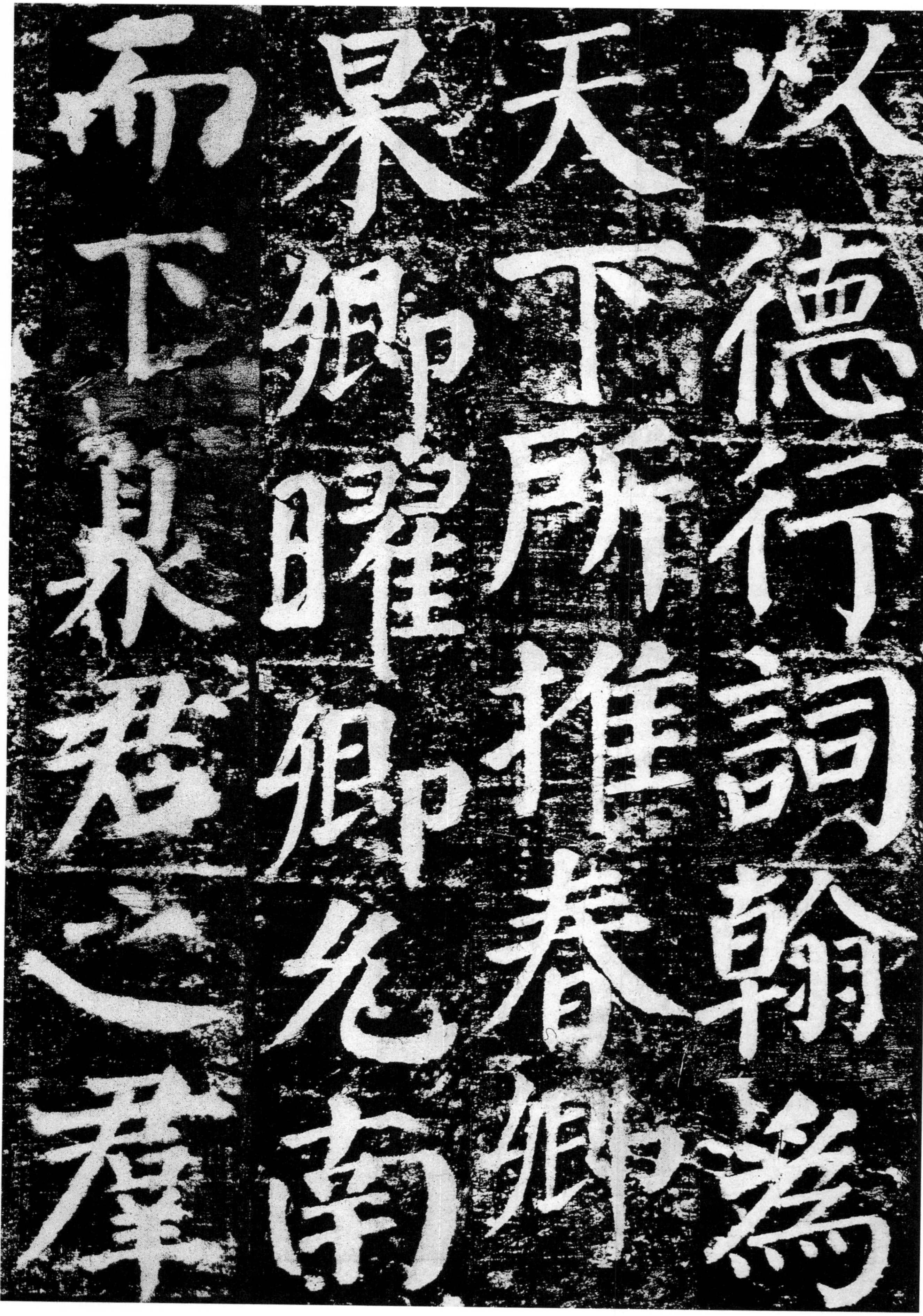
以德行詞翰為
天下所推春卿
杲卿曜卿允南
而下泉君之羣

以德行词翰为　天下所推春卿　杲卿曜卿允南　而下泉君之群

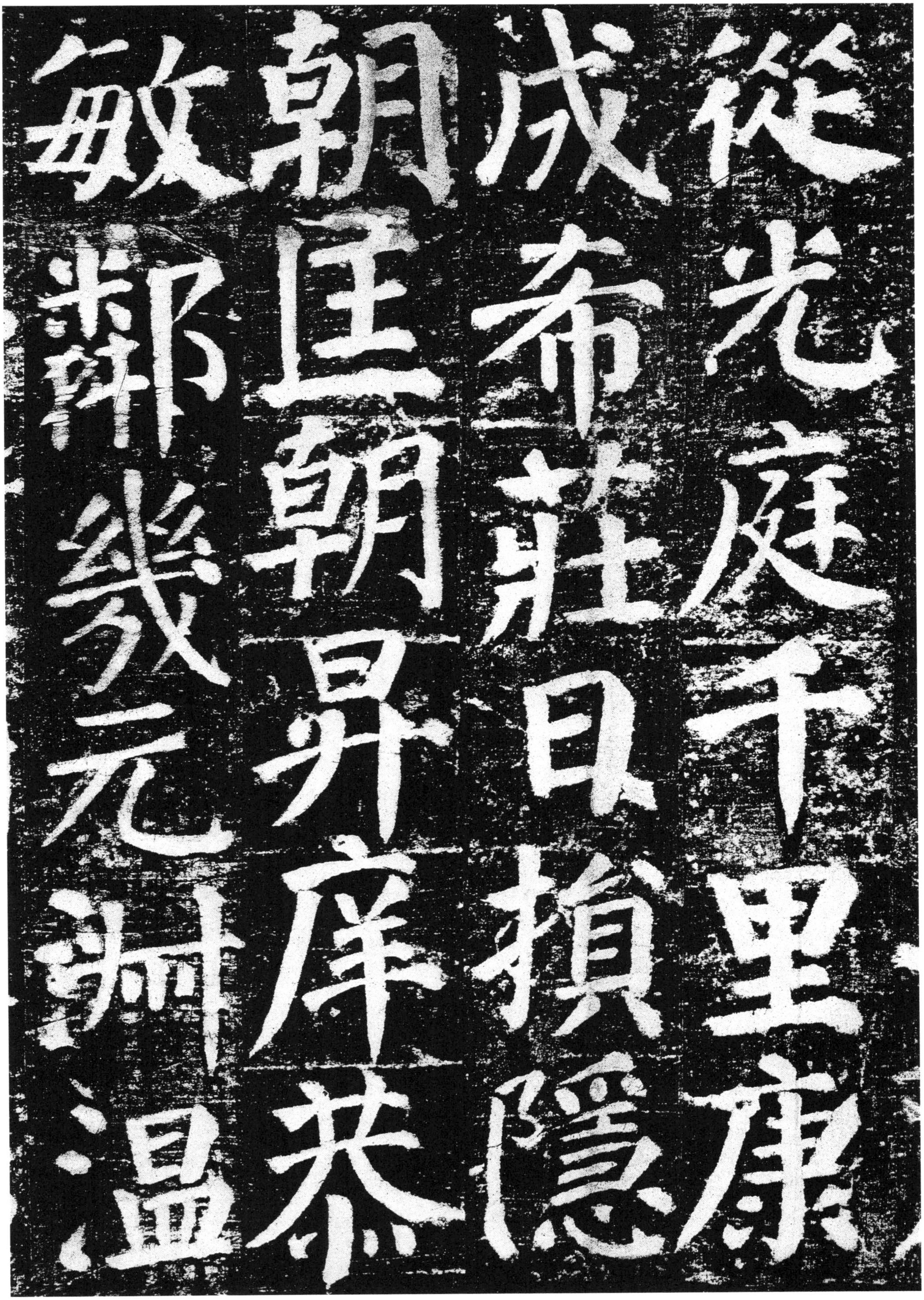
從光庭千里康
成希莊日損隱
朝匡朝昇庠恭
敏鄰幾元淑溫

从光庭千里康　成希庄日损隐　朝匡朝升庠恭　敏邻幾元淑温

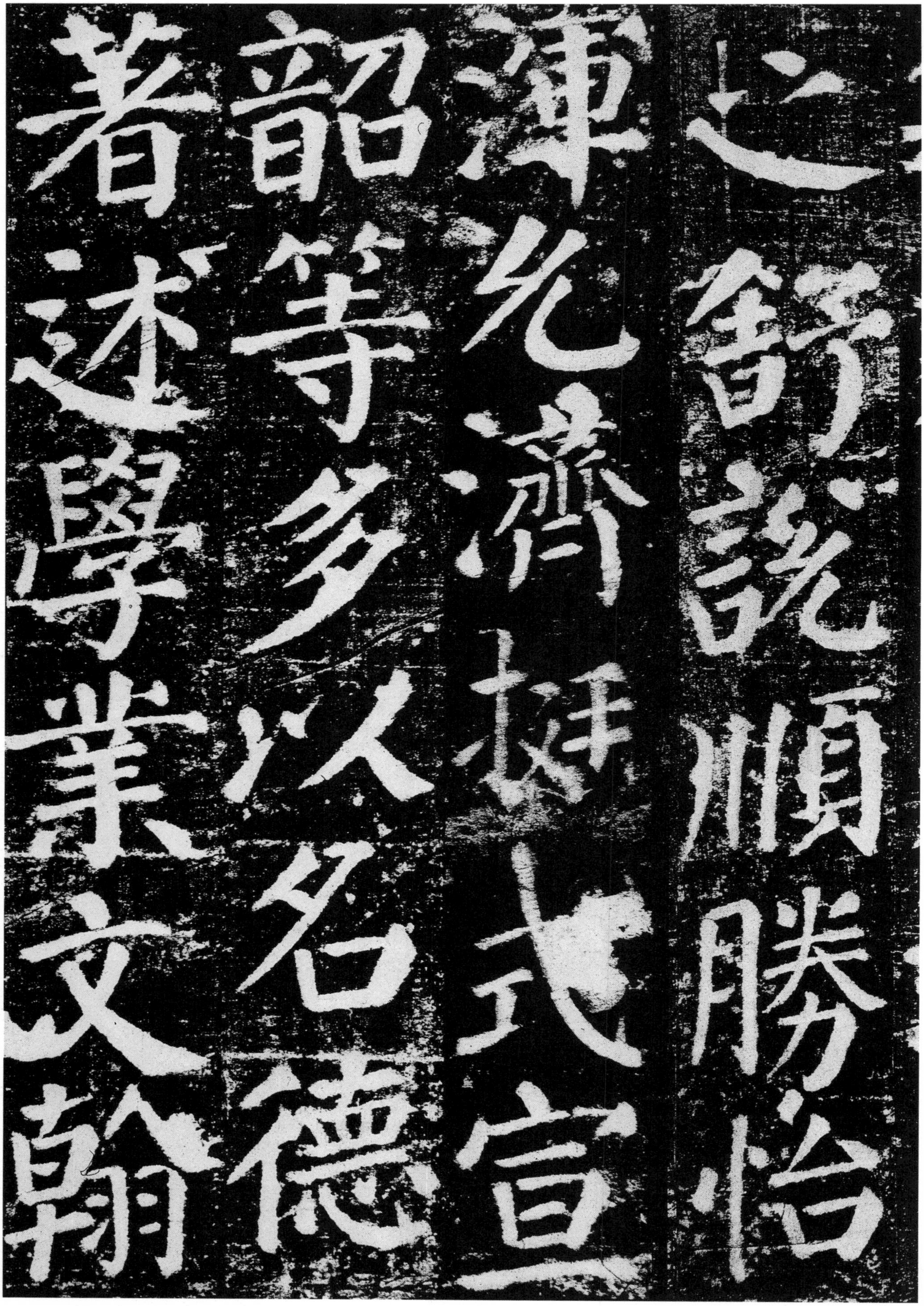

之舒说顺胜怡　浑允济挺式宣　韶等多以名德　著述学业文翰

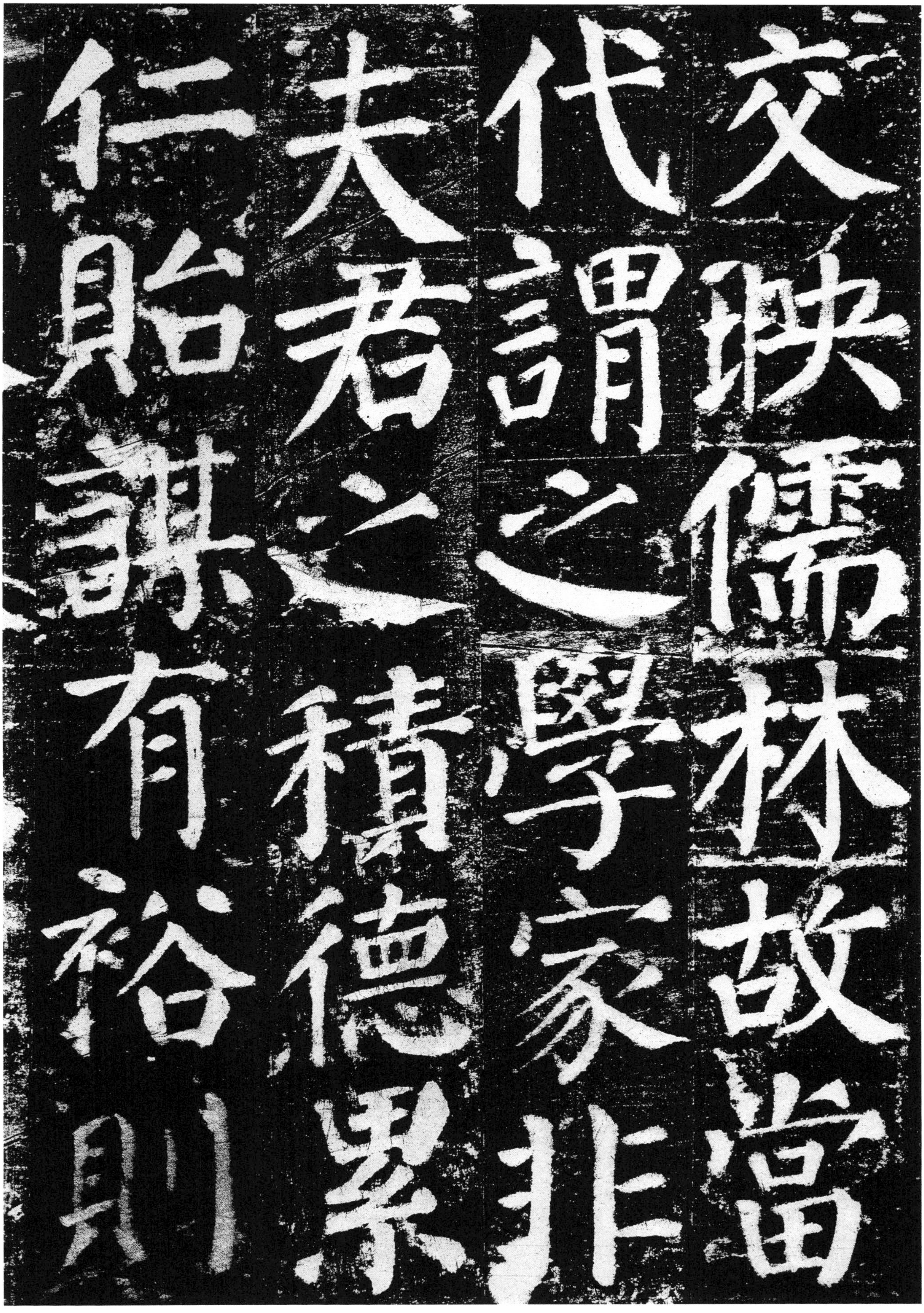
交映儒林故當
代謂之學家非
夫君之積德累
仁貽謀有裕則

交映儒林故当　代谓之学家非　夫君之积德累　仁贻谋有裕则

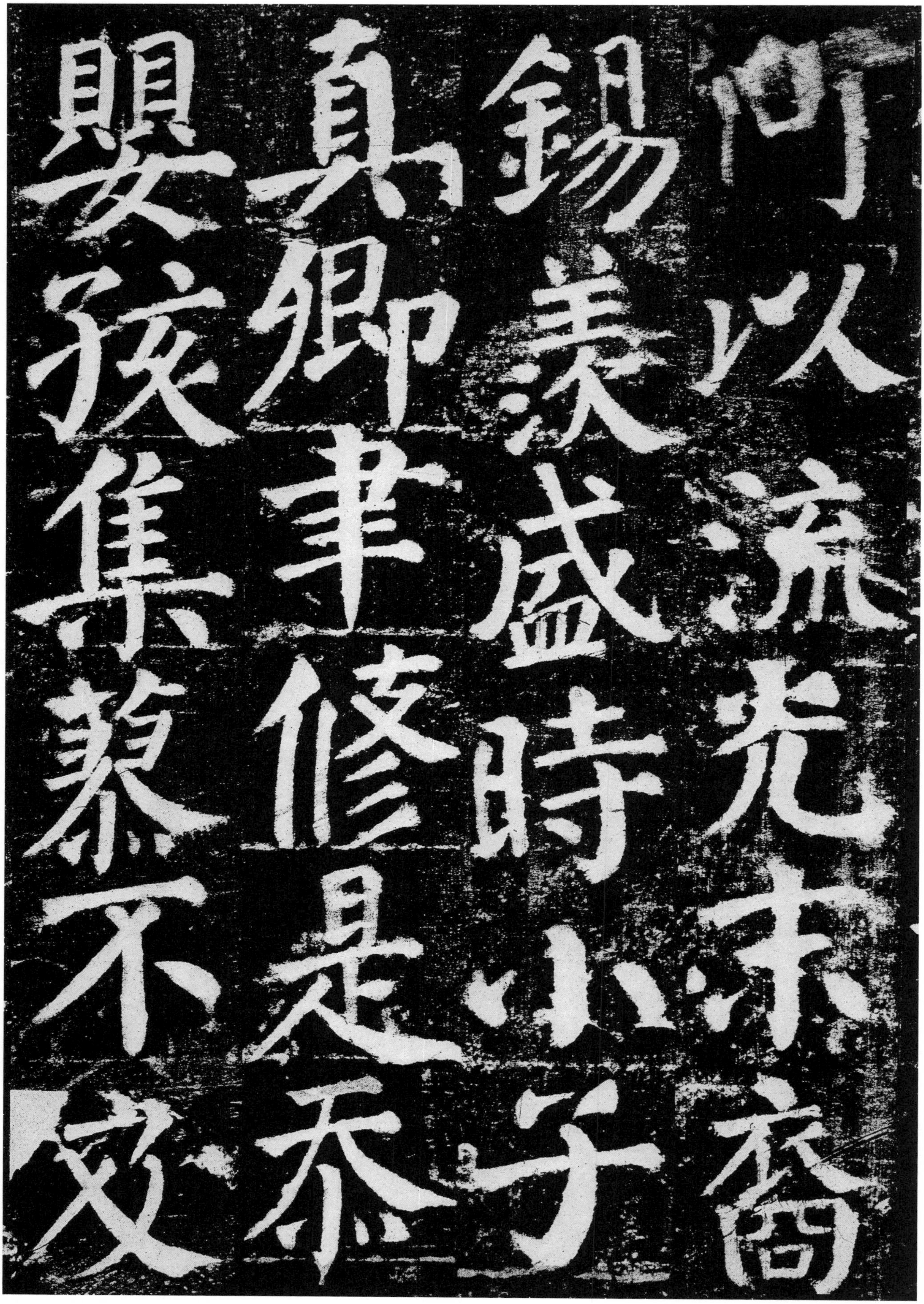

何以流光末裔　锡羡盛时小子　真卿聿修是忝　婴孩集蓼不及

过庭之训晚暮　论撰莫追长老　之口故君之德　美多恨阙遗铭